VIEUX LÉGUMES

le grand retour

KEDA BLACK
PHOTOGRAPHIE AKIKO IDA
STYLISME SONIA LUCANO

VIEUX LÉGUMES

le grand retour

MARABOUT

PETIT AVANT-PROPOS

Nous revoilà de corvée d'épluchage : topinambours, rutabagas, salsifis et panais sont bel et bien de retour. À vos économes, ressortez les moulins à légumes, les écrase purée et la râpe de mamie. Mais pourquoi est-ce reparti comme en 40 ? Pourquoi ces mal-aimés, dont nos grands-parents ont bien trop soupé, font-ils leur retour en ces temps d'abondance ? Pourquoi ne restent-ils pas, au mieux, qu'un mauvais souvenir de cantine ?

Parce que l'époque est un peu à la nostalgie - et que ces légumes « anciens », « oubliés » bénéficient d'un label « vintage », tellement prisé ? Ou parce que « c'est la crise ! » et qu'on en revient à une cuisine plus « roots » que « bling » ? À moins que ce ne soit à cause de la triple vague bio, « dix par jour », locavore : on veut manger sans pesticides, sans bilan carbone, avec fibres et vitamines... Sans doute un peu de tout. Mais après tout, tant mieux. Parce que c'est bon ! Et que ça change, en hiver surtout, des éternels choux-patates-carottes-navets-poireaux.

Il faut essayer le topinambour en soupe à la crème et aux Saint-Jacques. Ou cru et croquant, à la noisette ! Les racines de persil, crosnes, rutabagas rôtis aux herbes et à l'huile d'olive... Les feuilles de pissenlit sautées aux pignons et aux raisins...En plus, c'est beau : carottes multicolores, chou romanesco, navets boule d'or, laitue mizuna et compagnie mettent de la couleur et étonnent par leurs formes spectaculaires dans la monotonie de l'hiver.

Attention, ils ne sont pas non plus réservés aux végétariens ou accros à la verdure, ces vieux légumes : les salsifis en frites accompagnent à merveille un steak au bleu et le topinambour est extra rôti avec le gigot !

Compliqués à trouver ? De moins en moins. Difficiles à cuisiner ? En aucune façon ! Ils se glissent dans nombre de recettes classiques, cuisent souvent plus vite que les pommes de terre, par exemple, et sont merveilleusement versatiles. Vous allez voir.

Keda

c'est quoi

les vieux légumes

Petite galerie de portraits, histoire d'identifier tous ces légumes aux noms étranges. Et de les admirer aussi, ne sont-ils pas magnifiques ?
Où les trouver : marchés (bio ou pas), chez de plus en plus de marchands de quatre saisons. Mais aussi sur internet...
N'oublions pas les crosnes, à la saison tellement courte (en gros, les fêtes de fin d'année), qu'on n'a pu les photographier pour le livre : de toutes petites racines nacrées au délicieux goût noiseté. S'ils ont encore leurs petites peaux, il faut les enlever en les frottant dans un torchon, avec du gros sel.
Mais ils sont souvent vendus prêts à l'emploi : les poêler ou les blanchir quelques minutes, les servir en salade avec beaucoup d'herbes et une bonne huile d'olive... Ou alors tout simplement beurrés et poivrés. Le cerfeuil tubéreux est également assez rare : il fonctionne dans toutes les recettes incluant des racines - panais, persil racine, etc.
- mais possède un goût encore différent !
Parmi les légumes à feuilles, on peut tomber aussi sur l'arroche ou le tétragone, qui se cuisinent comme les épinards, pissenlits, mizuna, etc.

RUTABAGAS *(descriptif page 10)*

TOPINAMBOURS *(descriptif page 10)*

LES RACINES

RUTABAGAS	*(photo en page 8)*
Type	Racine
Saison	Hiver
Aspect	Ressemblent pas mal à des navets. Mais il en existe vraiment de plein de formes, tailles, couleurs : des ronds, très gros, comme un énorme navet ou, au contraire, des plus petits, très allongés. Ils sont en général blancs/vieux rose, parfois un peu jaunes. À l'intérieur, la chair est écrue ou carrément jaune.
Marché	S'il y en a des petits, c'est mieux. Moins abîmés ils sont, mieux c'est.
Conservation	Quelques jours en bas du réfrigérateur.
Préparation	Les éplucher et les couper en morceaux.
Cuisson	Crus s'ils sont jeunes, rôtis ou en cocotte. À mélanger avec plusieurs légumes.
Saveur	Assez proche du navet, mais sans l'amertume. La texture est plus fondante aussi, moins craquante. Pas totalement passionnant en soi, mais intéressant mélangé à d'autres légumes.
TOPINAMBOURS	*(photo en page 9)*
Type	Racine
Saison	Hiver
Aspect	Tubercules légèrement allongés et de forme très irrégulière, très étrange. Leur couleur varie du beige au vieux rose. Ils peuvent être assez fins (avec parfois de grandes « moustaches », comme du crin, qui sont en fait des racines) ou, au contraire, plus dodus.
Marché	Les choisir toujours bien fermes.
Conservation	De préférence dans un endroit frais, comme les pommes de terre, mais pas trop longtemps car ils ramollissent assez vite et peuvent finir par pourrir.
Préparation	Sauf si la peau est très fine, il faut les éplucher. C'est un peu pénible à cause de leurs irrégularités !
Cuisson	On peut les manger crus, râpés ou en tranches fines (s'ils sont encore bien fermes). Sinon, on les fait sauter, rôtir au four, ou cuire à l'eau et on les mange avec du beurre, du sel, du poivre… Ils sont parfaits moulinés ou mixés car leur chair se défait facilement et donne des purées ou des soupes très veloutées.
Saveur	Rappelle très nettement l'artichaut (en anglais, on les nomme « Jerusalem artichokes »). Ils se marient délicieusement avec plein de choses : le lard et le jambon cru, le thym, le poivre, les noisettes, les Saint-Jacques…
Particularité	On les accuse, à raison, de provoquer des flatulences. C'est moins vrai lorsqu'ils sont crus ou rôtis (plutôt que cuits à l'eau : dans ce cas, ajouter à l'eau de cuisson un peu de bicarbonate pour éviter ce désagrément).
SALSIFIS ET SCORSONÈRES	*(photo ci-contre)*
Type	Racine
Saison	Hiver
Aspect	Longues et fines racines, à la peau épaisse, beige pour les salsifis (qu'on trouve de moins en moins), noire pour les scorsonères, un peu rugueuse. À l'intérieur, la chair est écrue.
Marché	Ce que l'on trouve sous le nom de salsifis, ce sont en fait souvent des scorsonères – ça tombe bien, c'est la même chose en meilleur et en moins filandreux. Les choisir plutôt fins.
Conservation	Dans un lieu sec et plutôt frais. Ils se gardent assez bien plusieurs jours, mais autant les préparer assez vite avant qu'ils ne ramollissent.
Préparation	Les éplucher, éventuellement avec des gants car ils exsudent une substance qui noircit les mains. Les plonger au fur et à mesure dans de l'eau citronnée ou vinaigrée, sinon ce sont eux qui noircissent.
Cuisson	À la poêle, rôtis, à la vapeur.
Saveur	Délicate, rappelle un peu l'artichaut (moins nettement que le topinambour), chair assez fondante.
Particularité	Oublier une fois pour toute les mauvais souvenirs de cantine. Éviter les boîtes.

SCORSONÈRES

NAVET BOULE D'OR *(descriptif page 14)*

PANAIS *(descriptif page 14)*

LES RACINES

NAVET BOULE D'OR

(photo en page 12)

Type Racine
Saison Automne et début d'hiver
Aspect Un beau navet, pas très gros, très rond et jaune d'or.
Marché Fermes, lourds, pas abîmés.
Conservation Dans le bas du réfrigérateur, mais pas plus d'une semaine !
Préparation Brossés, épluchés si la peau est un peu épaisse.
Cuisson Crus râpés, rôtis, à la vapeur ou bien sautés.
Saveur Comme un navet classique mais en plus doux, plus savoureux.

PANAIS

(photo en page 13)

Type Racine
Saison Hiver
Aspect Ressemblent à de grosses et longues carottes blanches.
Marché Les choisir de préférence pas trop énormes, la peau la plus intacte possible, encore fermes, les extrémités ni abîmées ni coupées.
Conservation Se gardent à peu près comme les carottes, dans un endroit frais et aéré ou dans le bas du réfrigérateur. Ne pas les laisser traîner trop longtemps.
Préparation La peau est en général un peu épaisse, il vaut mieux les peler.
Cuisson Éventuellement crus, râpés ou en tagliatelles, s'ils sont très jeunes. Rôtis, en chips ou frites, ils sont parfaits. Font aussi de très bonnes purées et soupes, seuls ou associés à des pommes de terre ou autres légumes.
Saveur Relativement fade, légèrement sucrée. Texture un peu dense. Pas de saveur extrêmement marquée, ils sont donc bons bien assaisonnés, avec beaucoup de crème ou de beurre, des épices, ou alors frits ou rôtis.
Particularité Les Anglais les ont moins vite oubliés. Ils nous les servent d'ailleurs en délicieuses chips. Ils les font aussi rôtir sous le poulet du dimanche, en compagnie des pommes de terre. Miam !

PERSIL-RACINE

(photo ci-contre)

Type Racine, comme son nom l'indique
Saison Hiver
Aspect Ressemble pas mal au panais. Longue racine de couleur blanche, un peu dodue, de forme parfois irrégulière, parfois à deux jambes, avec, de temps en temps, des fanes qui sont en fait du persil plat puisqu'il s'agit bien d'une racine de persil.
Marché C'est bien s'ils ont des fanes, signe de fraîcheur. Ils doivent être fermes, la peau pas abîmée, comme toujours… Et pas trop énormes si possible.
Conservation Comme les panais, quelques jours dans le bas du frigo.
Préparation On nettoie pour enlever la terre, on épluche, on garde les fanes à utiliser comme herbe.
Cuisson Crus s'ils sont jeunes, rôtis, cuits à l'eau et mixés en soupe ou en purée.
Saveur Bien plus délicate que celle du panais, avec un vrai goût de persil. Du coup, on peut les assaisonner plus subtilement, pour les mettre en valeur, avec un peu de poivre par exemple.

PERSIL RACINE

LES RACINES

BETTERAVES

(photo n° 1)

Type Racine

Saison Hiver

Aspect Certaines sont rouge sombre et rondes, ce sont celles que l'on connaît le mieux, qu'elles soient vendues crues ou, le plus souvent, déjà cuites. On en trouve aussi, toujours rouge sombre, mais plus petites, de la taille d'une balle de golf. Certaines sont blanches, marbrées de rose fuchsia. Il y a aussi les allongées, les « crapaudines ». Et puis la magnifique « tonda di Chioggia », carrément jaune !

Marché Fermes, pas molles… Et plutôt petites.

Conservation Dans le bas du réfrigérateur, quelques jours, après elles ramollissent. Cuites, on peut les garder plusieurs jours : c'est pratique d'en avoir ainsi prêtes pour différentes recettes car elles sont assez longues à cuire.

Préparation On peut les éplucher – mais attention aux mains rouges, mettre des gants. On peut aussi les laver et les cuire avec la peau, qui se détache ensuite très facilement. Cette préparation vaut pour toutes les variétés, de toutes formes et couleurs !

Cuisson À la vapeur, entières et avec la peau. Ou emballées dans du papier d'aluminium, au four (c'est sans doute le plus simple). En croûte de sel.

Saveur Sucrée, sucrée… Il faut savoir leur associer les bons produits pour contrebalancer ce côté un peu écœurant : balsamique, noisettes, beurre noisette, oranges…

Particularité Ne pas oublier aussi de les faire en bortsch, même s'il n'y a pas de recette dans ce livre !

CAROTTES MULTICOLORES

(photo n° 2)

Comme des carottes. Sauf qu'au lieu d'être orange, elles sont jaunes, rouges ou pourpres. Parfois l'extérieur est d'une couleur et l'intérieur est orange. Intérêt surtout esthétique, ce qui n'est pas à négliger.

RADIS

(photo n° 3)

Type Racine

Saison Hiver, sauf pour les petits radis roses qui sont plutôt du printemps

Aspect Tout et n'importe quoi ! Il y a les gros radis blancs japonais (daïkon), dont la peau est lisse et la chair ferme, craquante, juteuse. Les noirs, ronds ou longs, à la peau rugueuse et à la chair moins resserrée, plus poreuse. Les longs, roses et poilus radis-tube.

Marché Toujours pareil, fermes, pas trop énormes, pas trop abîmés…

Conservation À peu près comme les carottes, dans le bas du réfrigérateur une semaine maximum. Le radis japonais, emballé dans un film, même entamé, peut être conservé plus longtemps.

Préparation Les éplucher.

Cuisson Crus bien sûr, par exemple râpés tellement finement qu'on en obtient presque une purée – ça c'est pour le daïkon, comme au Japon. En soupe pour le radis-tube, délicieux cuit mais trop piquant cru. Tous peuvent être aussi sautés ou rôtis, mélangés à d'autres légumes.

Saveur Cela dépend des variétés – mais le radis apporte en général du piquant et de l'amertume, plus ou moins puissamment. Le radis blanc a une texture craquante délicieuse.

VITELOTTES

(photo n° 4)

Un peu comme les carottes multicolores, l'intérêt est surtout esthétique. Mais ce sont des pommes de terre petites et à chair ferme, donc à faire plutôt en salade et à la vapeur qu'en purée ou en soupe.

1

2

3

4

COURGE BUTTERNUT *(descriptif page 20)*

BUTTERCUP ET PÂTISSON *(descriptif page 20)*

LES COURGES

COURGE BUTTERNUT	*(photo en page 18)*
Type	Courge
Saison	Automne
Aspect	Courge allongée, avec un bas ventru et un haut plus en longueur. La peau, lisse, est d'une couleur coquille d'œuf, et l'intérieur orange vif. Il y en a des petites, des plus grosses…
Marché	Peau intacte et ferme.
Conservation	Plusieurs semaines à température ambiante si la peau est vraiment intacte.
Préparation	L'éplucher, retirer les graines.
Cuisson	Tout lui va ! À la vapeur, sautée, en frites, rôtie, en purée, en soupe, en gratin, c'est la courge la plus versatile.
Saveur	Texture ferme, qui se défait moins que le potimarron, moins filandreuse que le potiron, saveur délicate, légèrement noisette, pas excessivement sucrée. Elle se prête un peu à toutes les combinaisons.
PÂTISSON	*(photo en page 19)*
Type	Courge
Saison	Été
Aspect	Rigolo, comme une sorte de béret blanc.
Marché	Le plus blanc et lisse possible, avec encore la queue, c'est mieux.
Conservation	S'il n'est pas touché, il se garde longtemps, de préférence dans un endroit frais et sec.
Préparation	Dur à éplucher, parfois impossible. Dans ce cas, le cuire entier.
Cuisson	À la vapeur, sauté, rôti, farci.
Saveur	Assez fade, chair parfois un peu filandreuse. Bien assaisonner.
COURGE SPAGHETTI	*(photo ci-contre)*
Type	Courge
Saison	Elle peut pousser un peu tout le temps
Aspect	La taille varie, la forme est oblongue, comme un ballon de rugby, un mini ou un standard. Couleur jaune, peau lisse. Très lourde.
Marché	Pas trop grosse, et peau intacte et lisse.
Conservation	À température ambiante, surveiller l'apparition des moisissures.
Préparation	Laver.
Cuisson	À l'eau, à la vapeur ou au four. Entière ou coupée en deux.
Saveur	Délicatement sucrée. Mais c'est surtout la texture qui la rend exceptionnelle : une fois cuite, la chair se détache en formant de longs filaments, façon spaghetti ! Délicieuse en salade avec une bonne vinaigrette, ou bien chaude avec du beurre.
BUTTERCUP	*(photo ci-contre)*
Type	Courge
Saison	Automne
Aspect	Petite courge très décorative. De couleur blanche ou orange avec des taches vertes ou verte avec des taches blanches. La chair est orange.
Marché	Pas abîmée.
Conservation	Elle se garde longtemps (plusieurs semaines), hors du réfrigérateur. Attention, dès qu'elle est « touchée », elle commence à pourrir, il faut vite la cuisiner !
Préparation	L'enfer à éplucher, donc on la lave et on la cuit entière ou coupée en deux, graines enlevées.
Cuisson	À la vapeur ou au four, entière ou coupée en deux, graines enlevées, enduite d'huile et salée-poivrée.
Saveur	Très sucrée, chair dense à la consistance fondante et farineuse. Un peu écœurante, à combiner avec des pommes de terre (pour une soupe ou une purée) ou à équilibrer avec du beurre salé, du poivre, du fromage un peu acide…

COURGE SPAGHETTI

COURGES

POTIMARRON	*(photo ci-contre)*
Type	Courge
Saison	Automne
Aspect	Petite courge, ronde. La taille varie, mais plus gros qu'une buttercup. Très bel orange. Peau irrégulière, rugueuse. Chair d'un orange foncé, très dense.
Marché	Pas abîmé, de préférence avec un bout de tige.
Conservation	Assez longtemps s'il n'est pas touché, comme toutes les courges, hors du réfrigérateur.
Préparation	Pas facile à éplucher, mais se coupe en deux, quatre ou plus. Enlever les graines. S'il est bio, on peut le manger avec la peau.
Cuisson	Coupé en quartiers, huilé, salé, poivré et rôti au four. La chair se défait vite en purée. La peau est fine et on peut éventuellement la manger, sinon, on détache la chair de la peau.
Saveur	Sucrée, chair assez farineuse, dense, à combiner avec des pommes de terre ou à contrebalancer avec du beurre salé, des ingrédients acides ou piquants (cresson, piment).

CHOUX

CHOU-RAVE	*(photo en page 24)*
Type	Pas une racine comme son nom l'indique! Famille des choux
Saison	Printemps - été
Aspect	Espèce de bulbe à la peau lisse et fine, couleur pied de brocoli. Souvent avec une tige et des feuilles.
Marché	Le choisir non abîmé. Le bon état des feuilles est un gage de fraîcheur.
Conservation	Quelques jours dans le bas du frigo. Ramollit vite.
Préparation	On peut choisir ou non d'enlever la peau très fine.
Cuisson	Très bon cru car très craquant. Sinon cuit al dente, à la vapeur, 6-7 minutes maximum.
Saveur	Délicate, comme un pied de brocoli qui serait tendre et craquant. Il est meilleur cru, coupé en lamelles ou râpé, en salade.
ROMANESCO	*(photo en page 25)*
Type	Famille des choux
Saison	Été
Aspect	C'est la même chose qu'un brocoli, en très très beau!
Marché	Le choisir ferme, les fleurettes intactes et bien vertes.
Conservation	Quelques jours dans le bas du frigo, manger le plus frais possible.
Préparation	Laver et détacher les fleurettes.
Cuisson	À la vapeur ou éventuellement rôti avec de l'ail et de l'huile d'olive.
Saveur	Comme un brocoli.
Particularité	Sa forme géométrique.

POTIMARRON

CHOU-RAVE *(descriptif page 22)*

CHOU ROMANESCO *(descriptif page 22)*

LES FEUILLES

FICOÏDE GLACIALE	*(photo n° 1)*
Type	Feuilles
Saison	Printemps
Aspect	Feuilles épaisses, d'un vert pâle, couvertes de mini vésicules (à peine visibles), pleines d'eau salée (qui sont là pour protéger la plante du dessèchement). Elle pousse près de la mer, dans des zones peu protégées et ventées.
Marché	Choisir des feuilles pimpantes. Elle est très rare de toute façon et pousse à l'état sauvage.
Conservation	Comme une salade.
Préparation	Bien rincer, égoutter.
Cuisson	En salade, bien sûr, sinon la ficoïde supporte bien la cuisson, comme des épinards.
Saveur	Surprenante car iodée et un peu salée. Texture un peu épaisse, qui se mâche, presque comme une plante grasse.
POURPIER	*(photo n° 2)* De jolies feuilles vert pâle, très tendres, très douces mais moins molles que la mâche. S'utilise cru ou cuit.
PISSENLIT	*(photo n° 2)* Saveur plus piquante, cru, cuit, en pesto…
MIZUNA	*(photo n° 3)* Jolies feuilles au goût un peu piquant, mais plus subtiles que le pissenlit ou la roquette, texture plus fine aussi qui fonctionne aussi bien crue que cuite.
ORTIE	*(photo n° 3)* À cueillir dans le jardin ou dans la nature avant la floraison printanière pour des feuilles plus tendres, en s'équipant de gants pour toutes les étapes. On enlève bien les tiges et on blanchit quelques secondes les feuilles à l'eau bouillante salée avant de les mixer. Puis on les ajoute à des patates déjà moulinées en soupe ou en purée.
FEUILLES DE BETTERAVE	*(portrait n° 3)* Elles ont un petit goût piquant pas très fort, mais sont surtout jolies avec une teinte rouge mariée au vert sombre. À cuisiner crues ou cuites.
BLETTES OU BETTES	*(portrait n° 4)*
Type	Légumes à feuilles
Saison	Fin de l'hiver
Aspect	Côtes blanches + feuilles épaisses d'un vert foncé et brillant.
Marché	Côtes et feuilles pimpantes, sans accroc.
Conservation	Quelques jours dans le bas du frigo.
Préparation	Détacher les feuilles et les laver. Séparer les côtes des feuilles car elles cuisent différemment.
Cuisson	Sautées à la poêle.
Saveur	Côtes un peu amères, feuilles au goût plus fort que les épinards. Il convient d'apaiser tout cela avec un peu de sucre (raisins secs par exemple) ou du gras (beurre, lard), de l'onctueux (béchamel, crème) et de l'acide (fromage).

1 2

3 4

MACINA-LEGUMI

à la

moulinette

Mixer ou mouliner : c'est une question de goût. Le mixeur (plongeant ou robot) donne une texture plus lisse, plus veloutée. On peut préférer les purées ou les soupes qui ont un peu de « grain », moulinées au moulin à légumes. Cela dépend aussi des recettes, certaines soupes sont meilleures veloutées et nécessitent donc de préférence un passage au mixeur ou au moins à la grille la plus fine du moulin. Attention avec les recettes contenant pas mal de pommes de terre : mixées, les patates deviennent un peu élastiques, et donnent une consistance un peu gluante à une soupe ou à une purée – dans ce cas, le moulin est mieux !

SOUPE DE PANAIS (+ CAROTTES MULTICOLORES)

Pour 4 personnes
25 minutes de préparation
25 minutes de cuisson

500 g de panais
1 ou 2 carottes (rouges par exemple, sinon classiques)
2 ou 3 pommes de terre moyennes (à chair farineuse plutôt)
1 pomme et/ou 1 poire
1 citron, ½ cube de bouillon de légumes bio, 150 ml de crème liquide légère ou entière
Sel et poivre

Dans cette soupe, c'est l'acidité du fruit citronné qui équilibre la douceur du panais. La carotte rouge donne une jolie couleur rose à cette soupe !

Peler les panais, les pommes de terre et les carottes si nécessaire (si la peau est fine et peu abîmée, on peut se contenter de les gratter). Les couper en morceaux.
Mettre les légumes dans une casserole, ajouter le demi-cube de bouillon, couvrir d'eau, porter à ébullition et laisser cuire 20-25 minutes.
Mouliner le tout au moulin. Ajouter la crème et un peu d'eau si la soupe est trop épaisse, du sel et du poivre.

Râper la pomme et ou la poire et bien les citronner.

Servir la soupe parsemée de fruit râpé et poivrer.

SOUPE DE PANAIS ET CURRY

Pour 4 personnes
25 minutes de préparation
30 minutes de cuisson

750 g de panais
2-3 pommes de terre moyennes
1 oignon
1 bonne cuillerée à café de curry, de garam masala ou de colombo
1 cuillerée à soupe d'huile de tournesol
½ cube de bouillon de légumes ou de poulet bio
Sel et poivre

Les épices exotiques relèvent admirablement la fadeur légèrement sucrée du panais – mais avec douceur, il ne faut pas utiliser un mélange d'épices trop « hot ».

Peler les panais et les pommes de terre puis les couper en morceaux.
Émincer l'oignon.
Faire chauffer l'huile dans une petite casserole. Faire revenir l'oignon 6-7 minutes sur feu moyen, sans trop le laisser colorer. Ajouter les épices, remuer pendant 1 minute. Ajouter les légumes, le demi-cube de bouillon et assez d'eau pour les couvrir largement. Porter à ébullition, puis laisser frémir environ 25 minutes, le temps que les panais soient tendres.
Mixer au mixeur plongeant ou mouliner. Ajuster l'assaisonnement.
Servir la soupe saupoudrée d'un peu d'épices, à peine, juste pour faire joli.

Astuce : on peut ajouter, une fois l'oignon revenu, un tout petit dé de gingembre frais râpé, ou même de racine de curcuma fraîche, râpée, si l'on en trouve (marchés bio). On remue 1 minute avant d'ajouter les épices.

Variante maison : on peut faire cette recette en réalisant soi-même un mélange d'épices. Utiliser des épices entières (jusqu'à 5-6 épices combinées : graines de cumin, de coriandre, de moutarde, poivre, soupçon de cardamome, curcuma... en toute petite quantité – 2 cuillerées à café environ en tout), les faire rôtir à sec dans une poêle, les écraser et les ajouter à l'oignon doré. Plus subtil !

SOUPE DE TOPINAMBOURS ET JAMBON SEC

Pour 4 personnes
25 minutes de préparation
30 minutes de cuisson

450 g de topinambours
2-3 petites pommes de terre (ou 1 plus grosse), plutôt de variété farineuse (à soupe/purée)
4-6 tranches de jambon sec
1 oignon, 1 cuillerée à soupe d'huile de tournesol
½ cube de bouillon de légumes ou de poulet bio – ou 500 ml de bouillon maison
Sel et poivre

Le topinambour donne une soupe très onctueuse, même sans crème. C'est délicieux avec, par exemple, un jambon espagnol. Mais on peut faire la recette avec de la pancetta ou du bacon sautés pour le bon goût de leur gras qui s'accorde très bien avec le topinambour.
Éplucher les topinambours, les couper en morceaux s'ils sont gros.
Faire de même avec les pommes de terre. Émincer l'oignon.
Faire revenir l'oignon dans l'huile pendant 6-7 minutes jusqu'à ce qu'il devienne transparent. Ajouter les légumes, remuer, ajouter le demi-cube de bouillon et de l'eau pour couvrir largement (ou le bouillon maison).
Porter à ébullition et laisser cuire à frémissement pendant une vingtaine de minutes, le temps que les légumes soient tendres.
Mixer ou mouliner. Saler et poivrer si nécessaire, ajouter un peu d'eau et réchauffer doucement si la soupe semble un peu compacte.
Faire griller dans une poêle les tranches de jambon pour qu'elles soient croustillantes. Les déchirer en lamelles et les poser sur la soupe servie dans des bols.

VELOUTÉ DE TOPINAMBOURS AUX FRUITS SECS

Pour 4 personnes
25 minutes de préparation
30 minutes de cuisson

450 g de topinambours
2-3 petites pommes de terre (ou 1 plus grosse), plutôt de variété farineuse (à soupe/à purée)
1 oignon
4 figues sèches ou 4 dattes ou un mélange
Une dizaine de noix ou une bonne poignée de noisettes, ou un mélange
1 cuillerée à soupe d'huile de tournesol
150 ml de crème liquide légère
½ cube de bouillon de légumes ou de poulet bio – ou 500 ml de bouillon maison
Sel et poivre

Une soupe veloutée, crémeuse, dans laquelle les fruits secs apportent une petite touche très gourmande, très intéressante !

Éplucher les topinambours, les couper en morceaux s'ils sont gros. Faire de même avec les pommes de terre. Émincer l'oignon.

Faire revenir l'oignon dans l'huile pendant 6-7 minutes jusqu'à ce qu'il devienne transparent. Ajouter les légumes, remuer, ajouter le demi-cube de bouillon et couvrir largement d'eau (ou ajouter le bouillon maison). Porter à ébullition et laisser cuire à frémissement pendant une vingtaine de minutes, le temps que les légumes soient tendres.

Mixer ou mouliner. Saler et poivrer si nécessaire, ajouter la crème liquide (et un peu d'eau si la soupe semble trop dense), puis réchauffer tout doucement.

Découper les figues et/ou les dattes en lamelles. Décortiquer les noix et/ou les noisettes et les hacher grossièrement.

Servir la soupe dans des bols et disposer dessus un mélange de fruits secs.

SOUPE DE TOPINAMBOURS AUX SAINT-JACQUES

Pour 4 personnes
25 minutes de préparation
30 minutes de cuisson

450 g de topinambours
2-3 petites pommes de terre (ou 1 grosse), plutôt de variété farineuse (à soupe/à purée)
8 noix de Saint-Jacques fraîches (ou surgelées)
1 oignon
1 cuillerée à soupe d'huile de tournesol
½ cube de bouillon de légumes bio – ou 500 ml de bouillon maison
150 ml de crème liquide légère
Beurre
Sel et poivre

La saveur subtile du topinambour se marie très bien à la délicatesse des Saint-Jacques.

Éplucher les topinambours, les couper en morceaux s'ils sont gros. Faire de même avec les pommes de terre. Émincer l'oignon. Faire revenir l'oignon dans l'huile pendant 6-7 minutes jusqu'à ce qu'il devienne transparent. Ajouter les légumes, remuer, ajouter le demi-cube de bouillon et couvrir largement d'eau (ou ajouter le bouillon maison). Porter à ébullition et laisser cuire à frémissement pendant une vingtaine de minutes, le temps que les légumes soient tendres.

Mixer ou mouliner. Saler et poivrer si nécessaire, ajouter la crème liquide (et un peu d'eau si la soupe semble trop dense).

Faire chauffer une noix de beurre dans une poêle jusqu'à ce qu'il mousse. Déposer les noix de Saint-Jacques et les dorer quelques minutes de chaque côté, à feu assez fort. Les couper ensuite en lamelles.

Remettre la soupe sur feu très doux pour la réchauffer. La servir dans des bols et la surmonter de lamelles de Saint-Jacques.

Conseils : on peut aussi mettre les Saint-Jacques avec leur coquille au fond des bols, présenter la soupe dans une soupière et la verser sur les coquillages. On peut ajouter quelques brins de ciboulette émincés.

SOUPE DE COURGE, ESPUMA FOIE GRAS *(recette en page 38)*

SOUPE DE POURPIER *(recette en page 38)*

SOUPE DE COURGE ESPUMA FOIE GRAS (photo en page 36)

Pour 4 personnes
35 minutes de préparation
30 minutes de cuisson

½ courge butternut
2-3 pommes de terre
2 oignons
1 gousse d'ail
1 c. à soupe d'huile de tournesol
½ cube de bouillon de légumes bio
150 g de foie gras mi-cuit
Sel et poivre

Une écume de foie gras pour égayer une simple soupe de courge. Si l'on n'a pas de siphon, se contenter de déposer des copeaux de foie gras sur la soupe : c'est aussi très bon !

Éplucher les pommes de terre et la courge puis les couper en morceaux. Émincer les oignons. Éplucher et écraser l'ail. Faire chauffer l'huile et y faire revenir les oignons sur feu moyen, jusqu'à ce qu'ils deviennent translucides et légèrement dorés, pendant 6-7 minutes. Ajouter l'ail, remuer.te puis ajouter les légumes, remuer pendant quelques minutes. Couvrir largement d'eau, mettre le demi-cube de bouillon et laisser cuire une vingtaine de minutes, le temps que les légumes soient cuits.

Pendant ce temps, mixer le foie gras avec un grand verre d'eau, pour obtenir un mélange bien lisse et bien liquide. Verser la préparation dans un siphon à chantilly. Mettre le siphon au moins 30 minutes au réfrigérateur . Mouliner ou mixer la soupe puis la mettre à réchauffer doucement. Vérifier l'assaisonnement en sel.
Servir la soupe dans des bols et pulvériser dessus une noix d'écume de foie gras. Poivrer.

SOUPE DE POURPIER (photo en page 37)

Pour 4 personnes
20 minutes de préparation
30 minutes de cuisson

1 belle botte de pourpier (ou deux plus petites)
3-4 pommes de terre moyennes
1 oignon
1 c. à soupe d'huile d'olive
½ cube de bouillon de légumes bio
150 ml de crème liquide
Sel et poivre

Émincer l'oignon. Éplucher les pommes de terre et les couper en morceaux. Faire chauffer l'huile dans une casserole et y faire revenir l'oignon jusqu'à ce qu'il soit translucide, sur feu modéré. Ajouter les pommes de terre, couvrir largement d'eau, ajouter le demi-cube de bouillon et laisser cuire jusqu'à ce qu'elles soient bien tendres.

Nettoyer le pourpier (comme une salade), en enlevant les bouts de tige abîmés. Ajouter les feuilles aux pommes de terre cuites, cuire 1 minute puis retirer du feu. Mouliner et rectifier l'assaisonnement en sel et en poivre. Ajouter la crème liquide et un peu d'eau pour allonger si nécessaire. Réchauffer doucement puis servir.

SOUPE À L'ORTIE AU LAIT RIBOT

Pour 4 personnes
20 minutes de préparation
30 minutes de cuisson

Environ 200 g de feuilles d'orties
2-3 pommes de terre moyennes
3 échalotes
20 g de beurre
½ cube de bouillon de légumes bio
150 ml de lait ribot ou lait fermenté
Une pincée de piments séchés émiettés ou de piment de Cayenne en poudre

Cette soupe peut aussi se servir bien froide, en vichyssoise, avec des glaçons et des croûtons !

Émincer les échalotes. Éplucher les pommes de terre et les couper en morceaux. Faire fondre le beurre dans une casserole et y faire revenir les échalotes jusqu'à ce qu'elles soient translucides, sur feu modéré. Ajouter les pommes de terre, couvrir largement d'eau, ajouter le demi-cube de bouillon et laisser cuire jusqu'à ce qu'elles soient bien tendres.

Pendant ce temps, faire bouillir de l'eau et y plonger les feuilles d'orties. Au bout de 30 secondes seulement, les égoutter. Mixer ou mouliner la soupe de pommes de terre et les orties, bien mélanger les deux et rectifier l'assaisonnement en sel et en poivre. Ajouter de l'eau pour allonger si nécessaire. Réchauffer doucement, ajouter le lait ribot et servir saupoudré de piment.

SOUPE À L'ORTIE AU LAIT RIBOT

SOUPE DE POTIMARRON, ESPUMA CHICORÉE

Pour 4 personnes
35 minutes de préparation
30 minutes de cuisson

1 potimarron
2 pommes de terre
1 oignon
20 g de beurre
½ cube de bouillon de légumes bio
200 ml de crème liquide entière ou légère
1 c. à soupe de chicorée en poudre
Sel et poivre

Amertume de la chicorée + sucré du potimarron.

Éplucher les pommes de terre et les couper en morceaux.
Couper le potimarron en quatre, ôter les graines du milieu et le couper en morceaux. Émincer l'oignon.

Faire fondre le beurre dans une casserole. Quand il mousse, mettre l'oignon et le faire revenir sur feu moyen jusqu'à ce qu'il devienne translucide et légèrement doré (compter 6-7 minutes). Ajouter le potimarron et les pommes de terre. Couvrir largement d'eau, mettre le demi-cube de bouillon et laisser cuire une vingtaine de minutes, le temps que les légumes soient cuits. Mouliner ou mixer en velouté.

Dissoudre la chicorée avec environ 200 ml d'eau chaude et la mélanger à la crème liquide. Verser la préparation dans un siphon à chantilly.
Bien secouer. Réserver au moins 30 minutes au réfrigérateur.

Réchauffer doucement la soupe. Vérifier le sel. La servir dans des bols et déposer une écume de chicorée sur chaque bol.

SOUPE DE PERSIL-RACINE ET POIRE, CHANTILLY AU PERSIL

Pour 4 personnes
20 minutes de préparation
20 minutes de cuisson

3-4 racines de persil
½ botte de persil plat
200 ml de crème liquide entière
½ cube de bouillon de légumes bio
1 poire
1 citron
Sel et poivre

Peler le persil-racine. Le mettre à cuire dans de l'eau avec le demi-cube de bouillon. Lorsqu'il est tendre, le mouliner ou le mixer finement, en velouté (plus que sur la photo !). Saler et poivrer. Ajouter un peu d'eau pour obtenir une consistance de soupe, si nécessaire. Ajouter 50 ml de crème, bien mélanger. Rectifier l'assaisonnement.

Mixer le persil plat avec la crème liquide restante, du sel et du poivre. Il faut que ce soit très fluide : filtrer si nécessaire. En principe, même si des petits bouts de persil restent dans la passoire, la crème aura pris le goût du persil. Mettre la préparation dans un siphon et réserver au réfrigérateur.

Éplucher la poire, la couper en tranches et bien les citronner.
Servir la soupe en petite quantité, avec un peu de chantilly au persil dessus (moins que sur la photo !) et de fines tranches de poire. Bien poivrer et servir.

MINESTRONE DE VIEUX LÉGUMES

Pour 4 personnes
25 minutes de préparation
45 minutes de cuisson

1 ou 2 carottes multicolores (ou classiques)
2 panais ou persil-racine
¼ de chou romanesco
2-3 pommes de terre vitelottes ou classiques
1 oignon
2 gousses d'ail
1 croûte de parmesan
3 c. à soupe d'huile d'olive
Quelques brins de thym
1 cube de bouillon de légumes ou de poulet bio, ou 1 litre de bouillon maison
4 c. à soupe de crème fraîche
Quelques tranches de chorizo
60 g de parmesan
Sel et poivre

Émincer l'oignon. Éplucher l'ail et l'écraser au presse-ail ou le hacher très finement. Éplucher les légumes, les nettoyer, les couper en dés. Détacher les bouquets du chou.

Faire revenir l'oignon dans l'huile, dans une grande casserole, sur feu moyen, le temps qu'il dore légèrement. Ajouter l'ail et bien remuer puis ajouter un par un les légumes, en remuant à chaque fois pendant quelques minutes. Ajouter les brins de thym. Ajouter le cube de bouillon et couvrir d'eau (ou de bouillon maison), la croûte de parmesan, et laisser cuire à petits bouillons jusqu'à ce que les légumes soient tendres, mais encore *al dente*.

Goûter le bouillon, saler et poivrer si nécessaire. Ôter la croûte de parmesan. Servir la soupe avec un peu de crème fraîche, du parmesan râpé et des tranches de chorizo.

PURÉE DE PANAIS À LA MUSCADE (1)

Pour 4 personnes
20 minutes de préparation
20 minutes de cuisson

3 ou 4 panais
150 ml de crème fraîche, ou de crème liquide (légère ou entière)
Muscade
Sel et poivre

Peler les panais, les couper en tronçons et les mettre à cuire à la vapeur.

Lorsqu'ils sont tendres, les égoutter, les mouliner en ajoutant la crème fraîche. Saler, poivrer, ajouter de la muscade et réchauffer tout doucement si nécessaire.

PURÉE DE PÂTISSON À L'HUILE D'OLIVE (2)

Pour 4 personnes
15 minutes de préparation
30 minutes de cuisson

1 pâtisson
2-3 c. à soupe d'huile d'olive
1 tomate
Quelques brins de basilic, persil plat, ou autre herbe au choix
Sel et poivre

Préchauffer le four à 200 °C (l'idéal est de cuire le pâtisson en même temps ou à la suite d'une autre préparation dans le four, histoire de ne pas gaspiller trop d'énergie).

Couper le pâtisson en quatre. Le huiler, le saler, le poivrer et le faire rôtir jusqu'à ce qu'il soit tendre et qu'il brunisse sur les bords.

L'écraser à la fourchette. Laver les herbes, les sécher et les hacher. Couper la tomate en petits dés. À la fourchette, mélanger la purée avec les herbes et la tomate, saler, poivrer et ajouter de l'huile si nécessaire.

PURÉE DE TOPINAMBOURS À LA NOISETTE (3)

Pour 4 personnes
20 minutes de préparation
20 minutes de cuisson

400 g de topinambours
2 ou 3 pommes de terre
150 ml de lait environ
4 c. à soupe de pâte de noisettes (magasins bio)
Sel et poivre

Éplucher les topinambours, les couper s'ils sont gros. Faire de même avec les pommes de terre et cuire le tout à l'eau salée.

Faire chauffer le lait. Mouliner les légumes en ajoutant le lait. Saler, poivrer, ajouter la pâte de noisettes sans la mélanger complètement.

PURÉE DE PERSIL-RACINE AU PERSIL ET POIVRE (4)

Pour 4 personnes
15 minutes de préparation
20 minutes de cuisson

4 ou 5 racines de persil
25 g de beurre salé
Un poivre intéressant, fraîchement moulu bien sûr (poivre long, Sechuan...)
Quelques jeunes brins de persil plat (celui attaché aux racines si possible), sel

Peler les racines et les couper en morceaux. Les mettre à cuire dans de l'eau salée.

Les mouliner en leur ajoutant du beurre salé – ou les écraser au presse-purée.

Rincer les feuilles de persil, les sécher et les hacher (ou simplement détacher les feuilles si elles sont toutes petites et très tendres). Poivrer la purée et parsemer de persil.

1

2

3

4

DIP TOPINAMBOURS CUMIN

Pour 4 personnes
20 minutes de préparation
20 minutes de cuisson

300 g de topinambours
2 pommes de terre
½ cube de bouillon de légumes
4-5 c. à soupe de mascarpone
½ c. à café de cumin en poudre
Une bonne pincée de graines de cumin ou des oboles au cumin (biscuits apéritifs)
sel et poivre

Peler puis couper les topinambours et les pommes de terre. Les cuire à l'eau ou à la vapeur, avec le demi-cube de bouillon.

Mouliner fin, saler, poivrer et ajouter le cumin en poudre et le mascarpone.

Rectifier l'assaisonnement. Parsemer de graines de cumin et/ou servir avec les oboles, des gressins ou des légumes crus en bâtons (carotte, autres racines, céleri).

DIP PANAIS COLORÉ

Pour 4 personnes
20 minutes de préparation
20 minutes de cuisson

3 panais
1 carotte rouge
1 gousse d'ail
100 ml de lait de coco
1 c. à soupe d'huile d'olive
1 ou 2 c. à soupe de mascarpone
Sel et poivre

Peler les légumes, les couper en morceaux et les cuire à la vapeur une vingtaine de minutes : ils doivent être tendres.

Les écraser à la fourchette, ajouter le lait de coco et bien mélanger.

Émincer l'ail finement. Faire chauffer l'huile dans une poêle, mettre l'ail, bien remuer et ajouter l'écrasé de légumes. Remuer quelques instants sur feu moyen, les légumes doivent commencer à accrocher, à peine.

Saler, poivrer, ajouter le mascarpone éventuellement et servir en dip.

ZAALOUK COURGE-POTIMARRON

Pour 4 personnes
20 minutes de préparation
20 minutes de cuisson

½ potimarron
¼ de courge butternut
4 c. à soupe d'huile d'olive
2 gousses d'ail
Miel & cannelle
2 pincées de piment de Cayenne en poudre ou de petits piments séchés
Sel et poivre

Éplucher les légumes, les couper en morceaux et les cuire, séparément, à la vapeur, une vingtaine de minutes. Les écraser chacun de leur côté à la fourchette, avec un peu d'huile, du sel et du poivre.

Émincer l'ail. Faire revenir l'ail émincé dans un peu d'huile, ajouter le potimarron, une pincée de cannelle, un soupçon de miel, bien remuer sur feu moyen pendant quelques instants : la purée doit accrocher au fond de la poêle et dorer par endroits.

Faire la même chose avec la courge, en commençant par faire revenir le piment dans un peu d'huile.

Servir en dip, à tartiner sur du pain en compagnie de brousse, ou comme un mini accompagnement, en petite quantité.

ZAALOUK DE CAROTTE

Pour 4 personnes
20 minutes de préparation
30 minutes de cuisson

4-5 carottes multicolores
Eau de fleur d'oranger
1 gousse d'ail
2 c. à soupe d'huile
Sel et poivre

Faire cuire les carottes (épluchées ou simplement grattées) à la vapeur pendant 25 minutes. Garder les fanes si elles sont jolies et les rincer. Écraser à la fourchette les carottes cuites.

Émincer l'ail, le faire revenir dans l'huile et ajouter l'écrasé de carottes, quelques gouttes d'eau de fleur d'oranger, du sel et du poivre. Remuer quelques instants, que ça accroche un peu et dore par endroits.

Servir en dip ou comme petit accompagnement.

ALUMINITE
FRUGIER

casseroles et cie

cocottes

Les légumes racine « anciens » peuvent se cuisiner comme on cuisinerait les légumes plus familiers : il ne faut pas hésiter à reprendre les recettes qu'on aime bien (curry, tagine, pot-au-feu, plats mijotés) et à remplacer les carottes, les pommes de terre, les navets, etc. par des panais, du persil-racine, des rutabagas... À la vapeur, ils sont délicieux intégrés dans une salade d'hiver, avec peut-être un peu de jambon ou de poitrine fumée grillée et des œufs mollets, par exemple.
Dans le risotto, on peut mettre des légumes-racine cuits, coupés en dés, ainsi que des légumes à feuilles, au dernier moment. Et tout ce qui est un peu farineux (persil-racine, panais) est super en gnocchi, en combinaison avec des pommes de terre.

TOPINAMBOURS ET HOLLANDAISE

Pour 4 personnes
25 minutes de préparation
20 minutes de cuisson

400 à 500 g de topinambours
3 jaunes d'œufs
1 citron, 125 g de beurre
Sel et poivre

Éplucher les topinambours, les couper en gros dés ou en tranches et les cuire 20 minutes environ à la vapeur : ils doivent céder à la pointe d'un couteau. Faire fondre le beurre.

Dans un robot, mixer les jaunes d'œufs avec un peu de jus de citron puis verser le beurre en mince filet, en mixant, pour monter la sauce.

Saler et poivrer puis servir tout de suite avec les topinambours.

SALSIFIS SAUCE CITRON CRÈME

Pour 4 personnes
25 minutes de préparation
20 minutes de cuisson

400 à 500 g de salsifis
1 citron
20 g de beurre
200 ml de crème liquide
Sel et poivre

Éplucher les salsifis, les couper en tronçons et les cuire à la vapeur une vingtaine de minutes.
Râper finement le zeste du citron, en presser le jus.

Faire fondre le beurre dans une casserole, ajouter la crème liquide, le zeste et le jus de citron, saler, poivrer, porter à frémissement et laisser réduire quelques minutes.

Servir la sauce sur les salsifis.

CHOU-RAVE ET GADO GADO

Pour 4 personnes
25 minutes de préparation
15 minutes de cuisson

2-3 bulbes de chou-rave
1 gousse d'ail
150 g de beurre de cacahuètes
1 cuillerée à soupe d'huile de tournesol
Une pincée de piment de Cayenne en poudre
1 cuillerée à café de cassonade

Nettoyer les choux-raves, les couper en tranches d'épaisseur moyenne. Les cuire à la vapeur 7 à 10 minutes.

Éplucher l'ail, l'émincer finement ou l'écraser au presse-ail. Faire chauffer l'huile dans une poêle, ajouter l'ail, bien remuer, ajouter un verre d'eau, la cassonade, le beurre de cacahuètes et le piment. Bien mélanger et laisser cuire à feu doux pendant 5 minutes. Ajouter de l'eau si cela semble trop compact, mais la sauce doit réduire un peu.

Servir les choux-raves avec la sauce.

MIX DE LÉGUMES ET CHANTILLY ÉPICÉE

Pour 4 personnes
15 minutes de préparation
20 minutes de cuisson

400 g d'un mélange au choix de légumes-racines
200 ml de crème liquide entière
½ cuillerée à café de ras-el-hanout (ou autre mélange d'épices)
Sel

Éplucher les légumes, les couper en tronçons et les cuire à la vapeur une vingtaine de minutes. Mélanger la crème sortant du réfrigérateur, le ras-el-hanout et un peu de sel. Transvaser dans un siphon à chantilly et réserver au réfrigérateur en attendant de servir.

Servir les légumes avec la chantilly aux épices.

PERSIL-RACINE GREEN GODDESS

Pour 4 personnes
25 minutes de préparation
20 minutes de cuisson

3 ou 4 racines de persil
1 jaune d'œuf, 200 ml d'huile de tournesol (ou un mélange avec de l'huile d'olive)
1 cuillerée à café de moutarde
Une bonne pincée de sel
Une douzaine de brins d'herbes mélangés, 1 ou 2 filets d'anchois (facultatif), 2 cuillerées à café de vinaigre ou de jus de citron

Éplucher les racines, les couper et les mettre à cuire à la vapeur une vingtaine de minutes.

Préparer une mayonnaise en mélangeant le jaune d'œuf, la moutarde et le sel puis en incorporant, en fouettant, l'huile d'abord, goutte par goutte, puis en mince filet.

Rincer, sécher et hacher les herbes. Couper les anchois bien finement. Ajouter le tout, ainsi que le vinaigre ou le citron, à la mayonnaise.

Servir les racines de persil avec la mayonnaise aux herbes.

BETTERAVE SAUCE ANCHOIS

Pour 4 personnes
20 minutes de préparation
45 minutes de cuisson

2 betteraves moyennes
3 anchois
2 gousses d'ail
6 brins de persil plat
3-4 cuillerées à soupe d'huile d'olive

Nettoyer les betteraves et les cuire à la vapeur pendant environ 45 minutes, selon leur taille.
Les peler et les couper en morceaux.

Hacher menu le reste des ingrédients et allonger avec de l'huile d'olive.

Servir les betteraves avec la sauce aux anchois.

PANAIS ET FRESH CHUTNEY

Pour 4 personnes
25 minutes de préparation
20 minutes de cuisson

2 ou 3 panais
1 botte de coriandre
2 cuillerées à soupe de noix de coco râpée
1 gousse d'ail
1 petit piment vert
1 citron vert
½ yaourt à la grecque

Peler les panais, les couper en tronçons et les cuire à la vapeur une vingtaine de minutes.

Mixer ensemble les feuilles de coriandre (rincées et séchées), la noix de coco, l'ail épluché, le piment épépiné et émincé et un soupçon de jus de citron.

Lorsque la préparation est assez lisse, ajouter le yaourt à la main.

Servir les tronçons de panais avec le chutney.

MIX DE LÉGUMES SAUCE VERTE ORANGÉE

Pour 4 personnes
20 minutes de préparation
20 minutes de cuisson

400 g d'un mélange au choix de légumes-racines
1 orange
1 botte d'herbes au choix (persil plat, cerfeuil, ciboulette) ou un mélange
1 cuillerée à café de câpres
Huile d'olive

Préparer les légumes et les cuire à la vapeur une vingtaine de minutes.

Mixer le zeste de l'orange, un peu de son jus, les herbes nettoyées, les câpres et assez d'huile pour obtenir une consistance coulante.

Servir les légumes avec la sauce verte.

COCOTTE DE LÉGUMES FRUITÉE

Pour 4 personnes
20 minutes de préparation
30 minutes de cuisson

4 navets boule d'or
4 petits rutabagas (ou 1 gros)
3 ou 4 carottes multicolores
2 ou 3 petits radis noirs
2 échalotes ou 3-4 oignons de printemps, ou cives
2 pommes
1 citron
1 verre de jus de pomme
2 cuillerées à soupe d'huile de tournesol
Quelques feuilles de pourpier (facultatif), sel et poivre

Nettoyer les légumes, les éplucher seulement si nécessaire. Laver 1 pomme et la couper en quartiers, enlever le trognon, la citronner un peu.

Peler et émincer les échalotes ou les oignons.

Faire chauffer l'huile dans une cocotte et sur feu moyen, saisir tous les légumes, les échalotes ainsi que les quartiers de pomme en remuant.

Poursuivre la cuisson en remuant de temps en temps pendant quelques minutes puis ajouter le jus de pomme, baisser le feu et laisser cuire 15 à 20 minutes, le temps que les légumes cèdent à la pointe d'un couteau – ils doivent rester *al dente.*

Saler et poivrer puis ajouter les feuilles de pourpier, le cas échéant, et râper la pomme restante sur le dessus, juste avant de servir.

Servir avec du boulgour, du riz complet ou comme accompagnement.

POT-AU-FEU AUX LÉGUMES OUBLIÉS

Pour 4 personnes
20 minutes de préparation
2 heures de cuisson

1 kg de viande de porc demi-sel (jarret, travers, poitrine, palette)
2 petits bulbes de fenouil (ou 1 plus gros)
3 carottes multicolores
3 ou 4 petits rutabagas ou navets boule d'or
2 panais
6 ou 7 pommes de terre vitelottes (ou autres)
1 oignon
1 poireau
Quelques baies de genièvre
1 clou de girofle
1 bouquet garni
150 ml de vin blanc doux

Plonger la viande entière dans l'eau bouillante, 30 minutes, pour la dessaler. L'égoutter.

Éplucher les légumes.

Mettre dans un faitout la viande, 1 carotte, le poireau, l'oignon piqué du clou de girofle, 2 navets ou rutabagas, les baies de genièvre, le bouquet garni et le vin blanc. Porter à frémissement et laisser cuire environ 1 heure 30.

Couper les autres légumes en morceaux.

Une trentaine de minutes avant la fin de la cuisson, ajouter le fenouil et les légumes restants.

COUSCOUS RACINES

Pour 4 personnes
25 minutes de préparation
50 minutes de cuisson

1 oignon, 2 gousses d'ail
1 morceau de courge butternut ou de potimarron, 3 ou 4 navets boule d'or, 2 ou 3 petits rutabagas, 2 ou 3 carottes, 2 cubes de bouillon de légumes, ½ botte de persil plat, 1 boîte de 400 ml de tomates pelées, 1 orange,
3 cuillerées à soupe d'huile d'olive
1 cuillerée à café de ras-el-hanout
Un petit morceau de gingembre frais, 1 bâton de cannelle
1 pincée de filaments de safran
400 g de semoule fine,
30 g de beurre, sel et poivre, harissa pour servir

Préparer les légumes : les laver, les gratter, les éplucher si nécessaire et les couper en gros morceaux.

Éplucher et émincer l'ail et l'oignon. Éplucher et râper finement le gingembre. Rincer le persil et le laisser égoutter. Prélever à l'économe un morceau de zeste d'orange.
Faire chauffer l'huile dans un grand faitout, y faire revenir l'oignon 6-7 minutes. Ajouter l'ail et le gingembre, remuer 1 minute. Ajouter le ras-el-hanout, mélanger 1 minute, puis les légumes, mélanger pendant quelques minutes.
Ajouter environ 1 litre d'eau, les cubes de bouillon, le safran, les tomates, la cannelle, le zeste d'orange. Porter à ébullition, baisser un peu le feu et laisser frémir une quarantaine de minutes jusqu'à ce que les légumes soient bien cuits mais pas défaits.
Préparer la semoule selon les instructions du paquet, avec un peu de beurre et de sel.

Servir le tout parsemé de persil haché et avec la harissa.
On peut compléter ce couscous de merguez grillées.

CURRY ROSE

Pour 4 personnes
25 minutes de préparation
30 minutes de cuisson

¼ de chou-fleur, ¼ de courge butternut, une douzaine de crevettes crues surgelées, 1 betterave cuite, 400 ml de lait de coco, 2 cuillerées à soupe d'huile de tournesol

Pour la pâte de curry
4 ou 5 tiges de citronnelle bien tendres, ½ botte de coriandre, 2-3 petits piments verts, 2 gousses d'ail, 3 échalotes, un dé de gingembre, 2 citrons verts, sauce nuoc-mâm, 3 feuilles de lime (ou du zeste de citron vert), 6 ou 7 grains de poivre noir

Préparer la pâte de curry. Mixer ensemble les tiges de citronnelle, en enlevant et en jetant les couches extérieures et les extrémités trop dures, presque toute la coriandre lavée (en garder un peu pour la fin), le gingembre, l'ail et les échalotes pelés, les grains de poivre, les feuilles de lime, un trait de sauce nuoc-mâm, un peu de jus de citron vert et les piments épépinés. On doit obtenir un mélange bien vert et coulant.

Préparer les légumes : les nettoyer, les éplucher si nécessaire et les couper en morceaux. Passer les crevettes sous l'eau.

Faire chauffer l'huile dans une sauteuse, y faire revenir 2-3 cuillerées à soupe de la pâte de curry (congeler le reste pour une prochaine fois), en remuant. Ajouter le lait de coco, porter à frémissement, ajouter les légumes, sauf la betterave et laisser cuire 15-20 minutes jusqu'à ce qu'ils soient tendres.

Ajouter les crevettes, laisser cuire 3-4 minutes puis ajouter les morceaux de betterave. Parsemer de coriandre et servir.

CURRY DE RACINES AUX AMANDES

Pour 4 personnes
20 minutes de préparation
35 minutes de cuisson

2 carottes multicolores, 2 navets boule d'or, 2 petits rutabagas, 3-4 pommes de terre vitelottes, 2 cuillerées à soupe d'huile de tournesol, 1 oignon, 1 tout petit morceau de gingembre, 1 cuillerée à café de garam masala, 2 yaourts à la grecque (ou Fjord), 3 cuillerées à soupe d'amandes en poudre, 200 g de riz, une poignée d'amandes effilées, quelques brins de coriandre, sel

Préparer les légumes : nettoyer, gratter, éplucher, couper en morceaux assez gros, émincer dans le cas de l'oignon, râper finement dans le cas du gingembre.

Faire revenir l'oignon dans l'huile puis ajouter le gingembre, remuer. Ajouter le garam masala, remuer, ajouter les légumes, remuer.

Sur feu assez doux, ajouter les yaourts et les amandes en poudre, mélanger, puis verser un petit verre d'eau. Saler, couvrir et laisser cuire une trentaine de minutes à feu doux.

Faire cuire le riz et servir le curry parsemé de coriandre et d'amandes effilées.

COCOTTE DE LAPIN AUX BLETTES *(recette en page 68)*

GNOCCHI DE PANAIS *(recette en page 68)*

COCOTTE DE LAPIN AUX BLETTES

(photo en page 66)

Pour 4 personnes
20 minutes de préparation
1 heure de cuisson

4 beaux morceaux de lapin (ou 1 lapin découpé)
1 botte de blettes, 1 oignon
3 gousses d'ail
Quelques figues sèches
2 cuillerées à soupe d'huile de tournesol, 1 cube de bouillon de légumes ,1 litre de jus de pruneaux, 1 bâton de cannelle
Sel et poivre

Éplucher et émincer l'ail et l'oignon.
Les faire revenir dans un peu d'huile, dans une cocotte.
Ajouter le lapin, le faire dorer, puis mouiller avec le jus de pruneaux.
Mettre le cube de bouillon, du sel, du poivre, le bâton de cannelle, couvrir et laisser mijoter jusqu'à ce que le lapin soit bien cuit (compter 1 heure à feu très doux). Ajouter les figues coupées en morceaux.

Nettoyer et couper les blettes. Les faire sauter quelques minutes dans une poêle, avec le reste d'huile.

Saler, poivrer, puis les ajouter dans la cocotte, à la fin.

GNOCCHI DE PANAIS *(photo en page 67)*

Pour 4 personnes
30 minutes de préparation
25 minutes de cuisson

3 ou 4 pommes de terre moyennes
2 ou 3 panais
60 g de parmesan (facultatif)
200 g de farine environ
Beurre
Ciboulette
Sel et poivre

Nettoyer les pommes de terre et les faire cuire à l'eau avec leur peau pendant une vingtaine de minutes.
Éplucher les panais, les couper et les cuire à la vapeur une vingtaine de minutes.

Éplucher les pommes de terre cuites, les écraser en purée avec les panais, du sel, du poivre et le parmesan fraîchement râpé. Ajouter la farine : il faut obtenir une pâte ferme et malléable. En faire des boudins.
Couper les boudins en petits tronçons.

Plonger ces gnocchis dans l'eau bouillante salée. Les laisser remonter à la surface et attendre quelques instants. Égoutter et servir sans attendre avec du beurre et de la ciboulette hachée.

IRISH

Pour 4 personnes
20 minutes de préparation
2 heures de cuisson

800 g à 1 kg de viande d'agneau, coupée en morceaux
3 ou 4 petits rutabagas
2 panais, 2 carottes
4 ou 5 pommes de terre
2 ou 3 navets boule d'or
2 oignons
1 cuillerée à soupe d'orge perlé
Sel et poivre

Préparer les légumes puis les couper en morceaux.

Dans une cocotte, empiler par couches tous les ingrédients : viande, puis oignons et légumes, puis viande, etc., en salant et en poivrant chaque couche.

Verser 1 litre d'eau bouillante, mettre l'orge, porter à ébullition, retirer l'écume qui se forme à la surface, baisser le feu, mettre un couvercle qui tient bien et laisser cuire pendant 2 heures.

Servir des parts, chacun écrasant les légumes dans son assiette.

CURRY AMANDES

ROLLS DE LÉGUMES RÂPÉS

Pour 4 personnes
30 minutes de préparation
10 minutes de cuisson

10 feuilles de riz
1 carotte (de n'importe quelle couleur)
1 petite betterave
1 morceau de radis blanc
1 navet boule d'or
1 petite pomme un peu acide
10 crevettes cuites décortiquées
Une sauce pimentée type Tabasco ou une sauce asiatique
1 citron ou un trait de yuzu
2 cuillerées à soupe d'huile
Sauce soja
Quelques brins de coriandre

Éplucher et râper tous les légumes et la pomme. Faire une sauce avec l'huile, un trait de sauce soja, le jus de citron ou le yuzu et un peu de sauce pimentée. La mélanger aux légumes râpés.

Prendre une feuille de riz, la poser sur un torchon mouillé, qui va la faire ramollir. Poser un peu de mélange râpé sur un côté de la feuille, ajouter 1 crevette. Commencer à rouler, plier les côtés, poser une ou deux feuilles de coriandre, continuer à rouler. Couper la pâte qui dépasse. Poser dans un panier vapeur. Poursuivre avec les feuilles et les légumes restants.

Cuire 6-7 minutes à la vapeur et servir avec de la sauce soja.

RISOTTO PANAIS FICOÏDE (1)

Pour 4 personnes
10 minutes de préparation
30 minutes de cuisson

160 g de riz à risotto, 2 panais, 1 toute petite botte de ficoïde, 1 petit oignon, 60 g de parmesan, 1,2 litre environ de bouillon de légumes maison ou reconstitué à partir de cubes, 100 ml de vin blanc, 1 cuillerée à soupe de mascarpone, 3 cuillerées à soupe d'huile d'olive, sel et poivre

Éplucher les panais, les couper en cubes. Les faire dorer dans un peu d'huile. Couper les feuilles de ficoïde en lanières. Émincer l'oignon. Réchauffer le bouillon.

Faire revenir l'oignon dans l'huile restante dans une casserole jusqu'à ce qu'il soit transparent. Ajouter le riz, remuer pour le nacrer, puis verser le vin, remuer et le laisser s'évaporer. Ajouter le bouillon, louche par louche, en remuant à chaque fois et en le laissant s'évaporer jusqu'à ce que le riz soit cuit, lié, mais encore *al dente.*

Ajouter les cubes de panais, les lanières de ficoïde, le parmesan râpé et le mascarpone. Rectifier l'assaisonnement, remuer et servir.

RISOTTO ORTIE (2)

Pour 4 personnes
10 minutes de préparation
30 minutes de cuisson

160 g de riz à risotto, 1 petit oignon, une bonne poignée de feuilles d'orties, 60 g de parmesan, 1,2 litre environ de bouillon de légumes maison ou reconstitué à partir de cubes, 100 ml de vin blanc, 2 cuillerées à soupe de mascarpone, beurre, sel et poivre

Émincer l'oignon.
Plonger les feuilles d'orties dans l'eau bouillante puis les égoutter de suite. Les couper en julienne (en lanières). En mixer la moitié avec un peu de mascarpone.
Réchauffer le bouillon.

Faire fondre une noix de beurre dans une casserole. Faire revenir l'oignon jusqu'à ce qu'il soit transparent, ajouter le riz, remuer pour le nacrer, puis ajouter le vin, bien mélanger et le laisser s'évaporer. Ajouter le bouillon, louche par louche, en remuant à chaque fois et en le laissant s'évaporer jusqu'à ce que le riz soit cuit, lié, mais encore *al dente.*
Ajouter les orties mixées et coupées, le parmesan râpé et le mascarpone restant. Rectifier l'assaisonnement, remuer et servir.

RISOTTO BETTERAVE RACINE ET FEUILLE (3)

Pour 4 personnes
10 minutes de préparation
30 minutes de cuisson

160 g de riz à risotto, 1 betterave rôtie au four, épluchée, une poignée de pousses de betterave, 1 oignon, 60 g de parmesan, 1,2 litre de bouillon de légumes maison ou à base de cubes, 100 ml de vin rouge, 1 cuillerée à soupe de mascarpone, 15 g de beurre, sel et poivre

Émincer l'oignon. Couper la betterave en cubes. Réchauffer le bouillon. Faire fondre une noix de beurre dans une casserole. Y faire revenir l'oignon jusqu'à ce qu'il soit transparent. Ajouter le riz, remuer pour le nacrer, puis ajouter le vin, remuer et le laisser s'évaporer. Ajouter le bouillon, louche par louche, en remuant à chaque fois et en le laissant s'évaporer. Au bout de deux louches de bouillon, ajouter les cubes de betterave. Continuer à verser le bouillon jusqu'à ce que le riz soit cuit, lié, mais encore *al dente.*

Ajouter les pousses de betterave, le parmesan râpé et le mascarpone. Rectifier l'assaisonnement, remuer puis servir.

RISOTTO ROMANESCO PICHOLINES (4)

Pour 4 personnes
10 minutes de préparation
30 minutes de cuisson

160 g de riz à risotto, 1 petit oignon, 100 g d'olives picholines ½ chou romanesco, 60 g de parmesan, 1,2 litre environ de bouillon de légumes maison ou reconstitué à partir de cubes, 100 ml de vin blanc, 1 grosse cuillerée à soupe de mascarpone, beurre, sel et poivre

Émincer l'oignon. Détacher les fleurettes de chou, les rincer et les cuire 5-6 minutes à la vapeur. Dénoyauter les olives. Réchauffer le bouillon.

Faire fondre une noix de beurre dans une casserole. Faire revenir l'oignon jusqu'à ce qu'il soit transparent, ajouter le riz, remuer pour le nacrer, puis ajouter le vin, remuer et le laisser s'évaporer. Ajouter le bouillon, louche par louche, en remuant à chaque fois et en le laissant s'évaporer. Au bout de deux louches, ajouter le chou. Continuer à verser des louches de bouillon jusqu'à ce que le riz soit cuit, lié, mais encore *al dente.*

Ajouter le parmesan râpé, les olives et le mascarpone, rectifier l'assaisonnement, remuer et servir.

1 2

3 4

légumes

en croûte

Pour intégrer des légumes-racines dans toute recette de quiche, tarte ou pizza, il faut les cuire d'abord : à la vapeur, ou mieux, rôtis au four, c'est plus gourmand. Les légumes à feuilles, mais aussi les fanes de légumes-racines, quand ils sont encore beaux et sains, sont extra en tourte ou en quiche, ou en touche finale sur une pizza: s'ils sont très tendres, inutile de les précuire. S'ils sont un peu plus coriaces (les blettes par exemple) on commence par les poêler avant de les intégrer dans une recette.

VIEUX LÉGUMES EN CROÛTE

Pour 4 personnes
20 minutes de préparation
30 minutes de repos
50 minutes de cuisson

Pour la pâte brisée
200 g de farine
100 g de beurre
Une pincée de sel

Environ 1 kg de légumes-racines variés : rutabagas, carottes, pommes de terre, panais, navets
1 boîte de 400 ml de tomates pelées
1 oignon
2 échalotes
1 gousse d'ail
70 g de parmesan
Quelques brins de thym
2 cuillerées à soupe d'huile d'olive
Sel et poivre

Faire la pâte brisée : mettre la farine dans un saladier avec le sel. Ajouter le beurre coupé en cubes, frotter du bout des doigts le beurre dans la farine pour faire des « miettes ». Ajouter environ 60 ml d'eau et mélanger avec un couteau à bout rond. Ajouter de l'eau si la pâte semble trop sèche. Finir de rassembler la pâte à la main. L'envelopper dans un film alimentaire et la laisser reposer au moins 30 minutes au réfrigérateur.

Préparer les légumes, les couper en cubes, ni trop gros, ni trop petits. Émincer ail, échalotes, oignon.
Faire revenir l'oignon dans l'huile, puis ajouter les échalotes, puis l'ail, puis tous les légumes coupés. Mettre les tomates et le thym, bien remuer et laisser cuire quelques minutes.

Étaler la pâte. Mettre les légumes dans un plat à four assez profond, saupoudrer de parmesan râpé et couvrir avec la pâte. Faire un trou pour la vapeur et enfourner pour 40 minutes environ.

QUICHE SALSIFIS ET LARD

Pour 4 personnes
20 minutes de préparation
30 minutes de repos
1 heure de cuisson

Pâte brisée
200 g de farine
100 g de beurre
1 pincée de sel

300 g environ de salsifis
150 g de poitrine fumée, découpée en lardons
175 ml de lait
+ 175 ml de crème liquide légère ou entière mélangés
3 œufs
2 cuillerées à soupe d'huile d'olive
Quelques brins de thym
Muscade
Sel et poivre

Faire la pâte brisée : mettre la farine dans un saladier avec le sel. Ajouter le beurre coupé en cubes, frotter du bout des doigts le beurre dans la farine pour faire des « miettes ». Ajouter environ 60 ml d'eau et mélanger avec un couteau à bout rond. Ajouter de l'eau si la pâte semble trop sèche. Finir de rassembler la pâte à la main. L'envelopper dans un film alimentaire et la laisser reposer au moins 30 minutes au réfrigérateur. Préchauffer le four à 210 °C. Étaler la pâte, foncer un moule à tarte beurré et glisser le plat au congélateur.

Éplucher les salsifis. Les mettre sur une plaque à four, les enduire d'une cuillerée à soupe d'huile, saler, poivrer, parsemer de brins de thym et faire rôtir environ 30 minutes jusqu'à ce qu'ils soient tendres et dorés. Baisser le four à 180 °C.

Dorer les lardons de poitrine fumée dans une poêle, avec un peu d'huile.
Répartir les salsifis cuits et les lardons sur le fond de tarte.
Fouetter ensemble les œufs, le mélange lait-crème, saler et poivrer puis le verser dans le moule. Râper dessus un peu de muscade.
Enfourner pour une trentaine de minutes.
Servir avec une bonne salade verte.

TARTELETTES BETTERAVE NOISETTE

Pour 4 personnes
20 minutes de préparation
30 minutes de repos
1 heure 30 de cuisson

Pâte brisée
200 g de farine
100 g de beurre
1 pincée de sel

1 betterave crue
6 à 8 cuillerées à soupe de pâte de noisettes (magasins bio)
150 g de tomme de chèvre ou de brebis

Faire la pâte brisée : mettre la farine dans un saladier avec le sel. Ajouter le beurre coupé en cubes, frotter du bout des doigts le beurre dans la farine pour faire des « miettes ». Ajouter environ 60 ml d'eau et mélanger avec un couteau à bout rond. Ajouter de l'eau si la pâte semble trop sèche. Finir de rassembler la pâte à la main. L'envelopper dans un film alimentaire et la laisser reposer au moins 30 minutes au réfrigérateur. Cuire la betterave au four à 180 °C dans un papier d'aluminium pendant 1 heure environ, selon la taille.

Étaler la pâte et foncer des moules à tartelettes beurrés. Les glisser au congélateur.

Couper la betterave en tranches fines. Garnir les fonds de tartelettes avec de la pâte de noisettes, couvrir de betteraves et finir avec des copeaux de tomme. Passer au four 25-30 minutes.

On peut faire ces tartelettes version mini en faisant des petits ronds de pâte que l'on garnit en laissant un bord : à manger à l'apéro !

TOURTE AU VERT

Pour 4 personnes
20 minutes de préparation
30 minutes de repos
45 minutes de cuisson

Pâte brisée
350 g de farine
175 g de beurre
1 pincée de sel

500 g environ de vert : vert de blettes, pourpier, mizuna, pousses de betterave... et aussi des fanes, en bon état, de radis, de carottes... Plus c'est varié, mieux c'est !
2-3 cuillerées à soupe de crème fraîche ou de ricotta
1 cuillerée à café de sucre
Beurre
1 cuillerée à soupe d'huile d'olive
Sel et poivre

Faire la pâte brisée : mettre la farine dans un saladier avec le sel. Ajouter le beurre coupé en cubes, frotter du bout des doigts le beurre dans la farine pour faire des « miettes ». Ajouter 100-110 ml d'eau et mélanger avec un couteau à bout rond. Ajouter de l'eau si la pâte semble trop sèche. Finir de rassembler la pâte à la main. L'envelopper dans un film alimentaire et la laisser reposer au moins 30 minutes au réfrigérateur.

Préchauffer le four à 180 °C. Couper la pâte en deux morceaux, dont un un peu plus gros. Étaler les deux ronds de pâte, foncer un moule beurré avec le plus grand, le mettre au congélateur, garder l'autre rond au frais. Nettoyer le vert, le mettre dans une sauteuse avec une noix de beurre, l'huile, du sel, du poivre et faire « tomber » les feuilles 5 à 10 minutes jusqu'à ce qu'elles soient tendres (mais pas toutes molles). Ajouter le sucre et la crème fraîche ou la ricotta.

Répartir le vert sur le fond de tarte, couvrir avec l'autre rond, rabattre les bords pour souder les deux ronds de pâte et former une tourte. Faire un trou au milieu et enfourner pour une trentaine de minutes.

PIZZETTES POTIMARRON *(recette en page 86)*

PIZZETTES BLETTES-CHOU-RAVE *(recette en page 86)*

PIZZETTES POTIMARRON *(photo en page 84)*

Pour 4 personnes
20 minutes de préparation
40 minutes de cuisson

1 boule de pâte à pizza, 200 g environ (maison ou achetée chez le boulanger)
½ potimarron ou ¼ de courge butternut
250 ml de coulis de tomates
200 g de mozzarella
Quelques feuilles de basilic
Huile d'olive
Sel et poivre

Huiler, saler et poivrer le morceau de potimarron, le mettre au four à 210 °C pour 30 minutes jusqu'à ce que la chair soit très tendre et brunie par endroits. Le sortir du four et détacher la chair de la peau. Monter le four à 250 °C.

Étaler la pâte et la couper en petits ronds individuels (15 cm de diamètre). Arroser d'huile d'olive.

Étaler le coulis de tomates sur les fonds de pizza, puis répartir la chair de potimarron. Couper la mozzarella en tranches, les poser sur le potimarron. Arroser d'huile d'olive et enfourner pour une dizaine de minutes. Parsemer de feuilles de basilic déchirées.

PIZZETTES BLETTES-CHOU-RAVE *(photo en page 85)*

Pour 4 personnes
20 minutes de préparation
20 minutes de cuisson

1 boule de pâte à pizza, 200 g environ (maison ou achetée chez le boulanger)
1 betterave rôtie au four (voir recette Tartelettes betterave noisettes, p. 80)
1 chou-rave
100 g de parmesan
Huile d'olive
Poivre

Préchauffer le four à 250 °C.
Faire cuire le chou-rave à la vapeur, en entier, débarrassé de ses tiges et feuilles, pendant 10 minutes environ.

Étaler la pâte et la découper en petits ronds individuels (15 cm de diamètre environ). Arroser d'huile d'olive.

Trancher les légumes. Les répartir sur les fonds de pizza, saupoudrer généreusement de parmesan en copeaux et enfourner pour une dizaine de minutes.

PIZZA AUX RACINES MULTICOLORES

Pour 4 personnes
30 minutes de préparation
50 minutes de cuisson

1 boule de pâte à pizza, 200 g environ (maison ou achetée chez le boulanger)
600 g environ d'un mélange de racines et des courges au choix
4 cuillerées à soupe d'huile d'olive
250 g de mozzarella
Une poignée de pourpier
Sel et poivre

Préchauffer le four à 190 °C. Éplucher les légumes, les couper en tronçons assez fins. Les disposer sur une plaque à four, les enduire d'une cuillerée à soupe d'huile d'olive, saler, poivrer et faire rôtir 40 minutes environ. Monter la température du four à 250 °C.

Étaler la pâte en un grand rond. Arroser d'huile d'olive.

Répartir les légumes sur le fond de pizza, poser des tranches de mozzarella, passer au four une dizaine de minutes. Déposer le pourpier dessus et servir.

PIZZA AUX RACINES MULTICOLORES

QUICHES CRÉMEUSES AUX FEUILLES ET FANES *(recette en page 90)*

QUICHE ROMANESCO *(recette en page 90)*

QUICHES CRÉMEUSES AUX FEUILLES ET FANES (photo en page 88)

Pour 4 personnes
20 minutes de préparation
30 minutes de repos
30 minutes de cuisson

Pâte brisée
200 g de farine
100 g de beurre
1 pincée de sel

500 g environ de pissenlits, autres jeunes pousses, fanes de radis et de carottes
2 cuillerées à soupe d'huile d'olive
200 ml de lait
150 ml de crème liquide entière
3 œufs
Muscade
Sel et poivre

Faire la pâte brisée : mettre la farine dans un saladier avec le sel. Ajouter le beurre coupé en cubes, frotter du bout des doigts le beurre dans la farine pour faire des « miettes ». Ajouter environ 60 ml d'eau et mélanger avec un couteau à bout rond. Ajouter de l'eau si la pâte semble trop sèche. Finir de rassembler la pâte à la main. L'envelopper dans un film alimentaire et la laisser reposer au moins 30 minutes au réfrigérateur. Préchauffer le four à 180 °C.

Beurrer des moules à tarte individuels, ou un grand. Étaler la pâte, couper des ronds un peu plus grands que la taille des moules utilisés – ou un grand rond selon le moule utilisé. Foncer le ou les moules et les glisser au congélateur.
Rincer les fanes et les feuilles.

Fouetter ensemble les œufs, la crème, le lait, saler et poivrer. Répartir les feuilles et les fanes dans les moules, les arroser d'huile d'olive puis verser l'appareil. Râper un peu de muscade dessus. Enfourner pour une trentaine de minutes.

QUICHE ROMANESCO (photo en page 89)

Pour 4 personnes
20 minutes de préparation
30 minutes de repos
40 minutes de cuisson

Pâte brisée
200 g de farine
100 g de beurre
1 pincée de sel

½ tête de romanesco
100 g de petites olives niçoises
200 ml de lait
150 ml de crème liquide entière
150 g de fromage de chèvre de son choix
3 œufs
Sel et poivre

Faire la pâte brisée : mettre la farine dans un saladier avec le sel. Ajouter le beurre coupé en cubes, frotter du bout des doigts le beurre dans la farine pour faire des « miettes ». Ajouter environ 60 ml d'eau et mélanger avec un couteau à bout rond. Ajouter de l'eau si la pâte semble trop sèche. Finir de rassembler la pâte à la main. L'envelopper dans un film alimentaire et la laisser reposer au moins 30 minutes au réfrigérateur. Préchauffer le four à 180 °C.

Étaler la pâte, foncer un moule à tarte beurré et le glisser au congélateur. Couper le chou en fleurettes, le cuire 6-7 minutes à la vapeur.
Couper le fromage de chèvre en tranches ou l'émietter, selon sa consistance. Fouetter ensemble les œufs, la crème, le lait, saler et poivrer.

Mettre les fleurettes de chou dans le fond de tarte, ajouter le fromage, verser l'appareil, disposer dessus les olives (dénoyautées ou non). Enfourner pour une trentaine de minutes.

QUICHES PANAIS BLEU

Pour 4 personnes
20 minutes de préparation
30 minutes de repos
1 heure de cuisson

Pâte brisée
200 g de farine
100 g de beurre
1 pincée de sel

2 ou 3 panais
2 cuillerées à soupe d'huile d'olive
150 g de fromage bleu émietté
200 ml de lait
150 ml de crème liquide entière
3 œufs
Quelques brins de ciboulette
Sel et poivre

Faire la pâte brisée : mettre la farine dans un saladier avec le sel. Ajouter le beurre coupé en cubes, frotter du bout des doigts le beurre dans la farine pour faire des « miettes ». Ajouter environ 60 ml d'eau et mélanger avec un couteau à bout rond. Ajouter de l'eau si la pâte semble trop sèche. Finir de rassembler la pâte à la main. L'envelopper dans un film alimentaire et la laisser reposer au moins 30 minutes au réfrigérateur. Préchauffer le four à 210 °C.

Étaler la pâte, foncer un moule à tarte beurré et glisser le moule au congélateur.
Éplucher les panais et les couper en tronçons. Les mettre sur une plaque à four, les enduire d'une cuillerée à soupe d'huile, saler, poivrer et faire rôtir environ 30 minutes jusqu'à ce qu'ils soient tendres et dorés. Baisser le four à 180 °C.

Répartir les panais cuits et le bleu sur le fond de tarte.
Hacher la ciboulette. Fouetter ensemble les œufs, la crème, le lait, saler et poivrer, ajouter la ciboulette puis verser dans le moule. Enfourner pour une trentaine de minutes.

QUICHES PANAIS BLEU

rôtis

au four

C'est indéniablement rôtis que les légumes-racines sont les plus alléchants ! On en fait un mix, ou on les prend individuellement, en accordant les aromates (herbes, ail, échalote, zestes de citron...) aux différents légumes. Il faut bien les enduire d'huile et les étaler sur une plaque suffisamment grande.
Et ne pas les oublier en accompagnement des rôtis du dimanche, à la place des patates (ou combinés avec elles).

BUTTERCUP DE NOËL

Pour 4 personnes
15 minutes de préparation
40 minutes de cuisson

2 courges buttercup
2 cuillerées à soupe d'huile d'olive
125 g environ de foie gras mi-cuit
4 dattes medjool ou figues sèches un peu moelleuses
Une poignée de noisettes ou de noix décortiquées
Quelques brins de cerfeuil
Sel et poivre

Préchauffer le four à 210 °C.
Couper les courges en deux. Les huiler, saler et poivrer. Les mettre au four et les faire cuire jusqu'à ce que la chair soit très tendre et commence à dorer. Détacher la chair avec une cuillère, en l'écrasant un peu mais sans la sortir. Saler et poivrer.

Couper le foie gras en morceaux, en mélanger la plus grande partie avec la chair des courges, à l'intérieur même de chaque courge. Hacher très finement les fruits secs et noix/noisettes, en parsemer chaque courge. Ajouter quelques brins de cerfeuil et servir.

On peut à la fin couper chaque demi-courge en deux si ça fait une portion trop grosse, car c'est assez dense et riche.

MIX DE LÉGUMES RÔTIS ET CRÈME MASCARPONE

Pour 4 personnes
25 minutes de préparation
40 minutes de cuisson

1 kg de racines mélangées : salsifis, carottes, panais, topinambours, crosnes, rutabagas, pommes de terre, radis, navets, c'est le moment de tout utiliser
4 ou 5 échalotes
125 g de mascarpone
1 yaourt grec
1 citron
½ botte d'herbes fraîches
Thym, romarin
2 ou 3 cuillerées à soupe d'huile d'olive
Sel et poivre

Préchauffer le four à 210 °C.
Éplucher les légumes et les échalotes, les couper en tronçons.
Les mettre sur une plaque, arroser d'huile d'olive, remuer pour les enduire complètement. Saler et poivrer. Saupoudrer de thym et de romarin hachés et les faire rôtir environ 40 minutes : ils doivent êtres tendres et bruns par endroits.

Mélanger le mascarpone, le yaourt, les herbes hachées, un peu de jus de citron, du sel et du poivre. Servir les légumes chauds avec la crème.

On peut aussi les servir froids en vinaigrette, mélangés à des herbes fraîches.

PÂTISSON FARCI

Pour 4 personnes
20 minutes de préparation
30 minutes de cuisson

2 pâtissons
2 carottes
2 navets
200 g de jambon cru
1 échalote
2 cuillerées à soupe d'huile de tournesol
200 g de comté râpé
Sel et poivre

Couper les pâtissons en deux, dans la hauteur. Enlever les graines, les jeter et détacher la chair. Éplucher les carottes et les navets, les couper en petits dés. Éplucher et émincer l'échalote. Couper le jambon en dés.

Faire revenir l'échalote dans l'huile, ajouter les carottes, les navets et la chair du pâtisson puis faire dorer quelques minutes. Ajouter le jambon coupé en dés, saler et poivrer. Remplir les coques de pâtisson de farce aux légumes, couvrir de fromage râpé et dorer au four une vingtaine de minutes.

TOPINAMBOURS RÔTIS AU THYM ET CITRON

Pour 4 personnes
15 minutes de préparation
40 minutes de cuisson

500 g de topinambours
1 citron
50 g de sucre
Quelques brins de thym frais
2 cuillerées à soupe d'huile d'olive
Sel et poivre

Préchauffer le four à 210 °C.
Prélever de fines lanières de zeste de citron à l'aide d'un zesteur – ou bien avec un économe, en recoupant finement les larges épluchures obtenues. Mettre le sucre dans une casserole avec un peu d'eau. Ajouter les zestes. Faire chauffer à feu doux : le sucre va fondre et confire les zestes. Arrêter la cuisson avant que le sucre ne vire au caramel.

Éplucher les topinambours. Les couper en morceaux. Les mettre sur une plaque à four, arroser d'huile, saler, poivrer, ajouter les zestes égouttés, les brins de thym et bien mélanger. Laisser rôtir 30 minutes environ : il faut que les légumes soient tendres et brunis par endroits.

Délicieux accompagnement pour une côte de veau.

16/10
01 05
de Buyer

PANAIS RÔTI HONEY MUSTARD

Pour 4 personnes
15 minutes de préparation
40 minutes de cuisson

500 g de panais
1 cuillerée à soupe de moutarde
1 cuillerée à soupe de miel liquide
2 cuillerées à soupe d'huile d'olive
Sel et poivre

Préchauffer le four à 210 °C.
Éplucher les panais, les couper en tronçons. Les mettre sur une plaque, les enduire d'une cuillerée à soupe d'huile d'olive, saler et poivrer. Mettre à rôtir au four.

Au bout de 25-30 minutes, mélanger le miel, la moutarde et l'huile restante. Répartir cette sauce sur les panais, remuer et remettre au four pour une dizaine de minutes. À déguster en accompagnement d'une viande rôtie, ou sur une salade !

Variante : on peut remplacer le miel par du sirop d'érable : maple mustard !

COURGE SPAGHETTI AU FOUR *(recette en page 106)*

BETTERAVE AU BEURRE NOISETTE ET TOMME *(recette en page 106)*

COURGE SPAGHETTI AU FOUR

(photo en page 104)

Pour 4 personnes
15 minutes de préparation
40 minutes de cuisson

1 courge spaghetti
200 g de fromage râpé
Beurre salé
Ciboulette

Préchauffer le four à 200 °C.
Enfourner la courge telle quelle. Le temps de cuisson va beaucoup dépendre de sa taille : lorsqu'elle est brune par endroits, que la peau cède sous la pression du doigt, c'est qu'elle est cuite.

Ouvrir la courge en deux, enlever les graines, couper chaque moitié en deux. Chacun détache la chair avec une fourchette et la mélange avec de la ciboulette hachée, du fromage râpé et un peu de beurre, façon pomme de terre au four.

BETTERAVE AU BEURRE NOISETTE ET TOMME

(photo en page 105)

Pour 4 personnes
15 minutes de préparation
1 heure de cuisson

4 petites betteraves crues, ou 2 moyennes
100 g de tomme de brebis ou de chèvre
100 g de beurre
Quelques jeunes pousses (betterave par exemple)
Sel et poivre

Préchauffer le four à 200 °C.

Laver les betteraves, les envelopper dans de l'aluminium et les mettre au four. Les faire cuire 45 minutes à 1 heure, cela dépend beaucoup de leur taille : il faut qu'elles cèdent à la pointe d'un couteau. Les sortir du four.
Déposer le beurre dans une casserole et mettre sur feu doux : il doit fondre et prendre une couleur noisette.

Pendant ce temps, éplucher les betteraves et les couper en tranches très fines. Les disposer dans des assiettes. Découper le fromage en copeaux.
Verser le beurre sur les betteraves, saler et poivrer légèrement, parsemer de fromage et entourer de jeunes pousses.

BUTTERCUP À LA CUILLÈRE

Pour 4 personnes
15 minutes de préparation
40 minutes de cuisson

2 courges buttercup
1 cuillerée à soupe d'huile
Quelques brins de ciboulette
25 g de beurre salé
Sel et poivre

Préchauffer le four à 210 °C.
Couper les courges en deux. Les huiler, les saler et les poivrer. Les mettre au four et les laisser cuire 40 minutes jusqu'à ce que la chair soit très tendre et commence à dorer.

Détacher la chair avec une cuillère, en l'écrasant un peu mais sans la sortir. Poivrer, ajouter le beurre salé et la ciboulette hachée. Déguster à la cuillère, en entrée ou en accompagnement.

BUTTERCUP À LA CUILLÈRE

PERSIL-RACINE + CÔTE DE BŒUF *(recette en page 110)*

PANAIS SOUS LE POULET RÔTI *(recette en page 110)*

PERSIL-RACINE + CÔTE DE BŒUF

(photo en page 108)

Pour 4 personnes
15 minutes de préparation
40 minutes de cuisson (dépend de l'épaisseur de la côte)

1 belle côte de bœuf
500 g de racines de persil
Quelques brins de persil plat
2 cuillerées à soupe d'huile d'olive
Sel et poivre

Huiler la côte de bœuf et la faire cuire au four : enfourner à four chaud à 240°C environ et baisser tout de suite à 200-210 °C pour 20-25 minutes environ.

Éplucher les racines, les couper en tronçons puis les cuire 5 minutes à l'eau bouillante. Les enduire d'huile, de sel et de poivre puis les faire rôtir au four une trentaine de minutes dans un plat, séparé de la côte.
Servir ensemble.

PANAIS SOUS LE POULET RÔTI

(photo en page 109)

Pour 4 personnes
25 minutes de préparation
2 heures de cuisson

1 poulet
500 g de panais
1 citron
½ tête d'ail
Quelques brins de thym
1 brin de romarin
Huile d'olive
Sel et poivre

Assaisonner le poulet, l'enduire d'huile, de sel et de poivre, l'arroser d'un peu de jus de citron. Mettre une moitié de citron, l'ail épluché, le romarin et le thym dans la cavité. Allumer le four à 190 °C et mettre à rôtir au four pour environ 1 heure 30 à 2 heures : il doit être bien doré, et lorsqu'on perce l'endroit le plus charnu de la cuisse, le jus qui coule ne doit pas être rosé.
Éplucher les panais, les couper en tronçons. Les cuire environ 5 minutes à l'eau bouillante salée.

Les enduire d'huile et les ajouter au poulet, dans le plat, 30 minutes avant la fin de la cuisson.

TOPINAMBOURS ET VITELOTTES POUR LE GIGOT

Pour 4 personnes
15 minutes de préparation
1 heure de cuisson (selon le poids de la viande)

1 gigot
600 g de topinambours et de vitelottes
Quelques brins de thym et de romarin
1 tête d'ail
2-3 cuillerées à soupe d'huile d'olive
Sel et poivre

Mettre le gigot dans un plat, l'enduire d'huile d'olive et disposer autour des branches de thym, de romarin et la tête d'ail avec le haut coupé. L'enfourner à 200 °C pour 20 minutes et ajouter 15 minutes de cuisson supplémentaires par 500 g.

Éplucher les légumes, les couper en deux s'ils sont un peu gros. Les cuire 5 minutes environ à l'eau bouillante salée et les placer sous le gigot 30 minutes avant la fin de la cuisson.

LE DAUPHINOIS MIXTE

Pour 4 personnes
25 minutes de préparation
1 heure 30 de cuisson

1 kg d'un mélange de pommes de terre (normales et vitelottes), de topinambours et de rutabagas
30 g de beurre
1 gousse d'ail
600 ml de crème liquide entière
Sel et poivre

Préchauffer le four à 170 °C.

Beurrer très généreusement un plat à gratin puis le frotter à l'ail. Éplucher les légumes et les couper en tranches très fines, si possible à la mandoline. Les ranger dans le plat en salant et en poivrant. Couvrir de crème.

Cuire environ 1 heure 30 : la crème doit être complètement absorbée et le dessus du gratin doré.

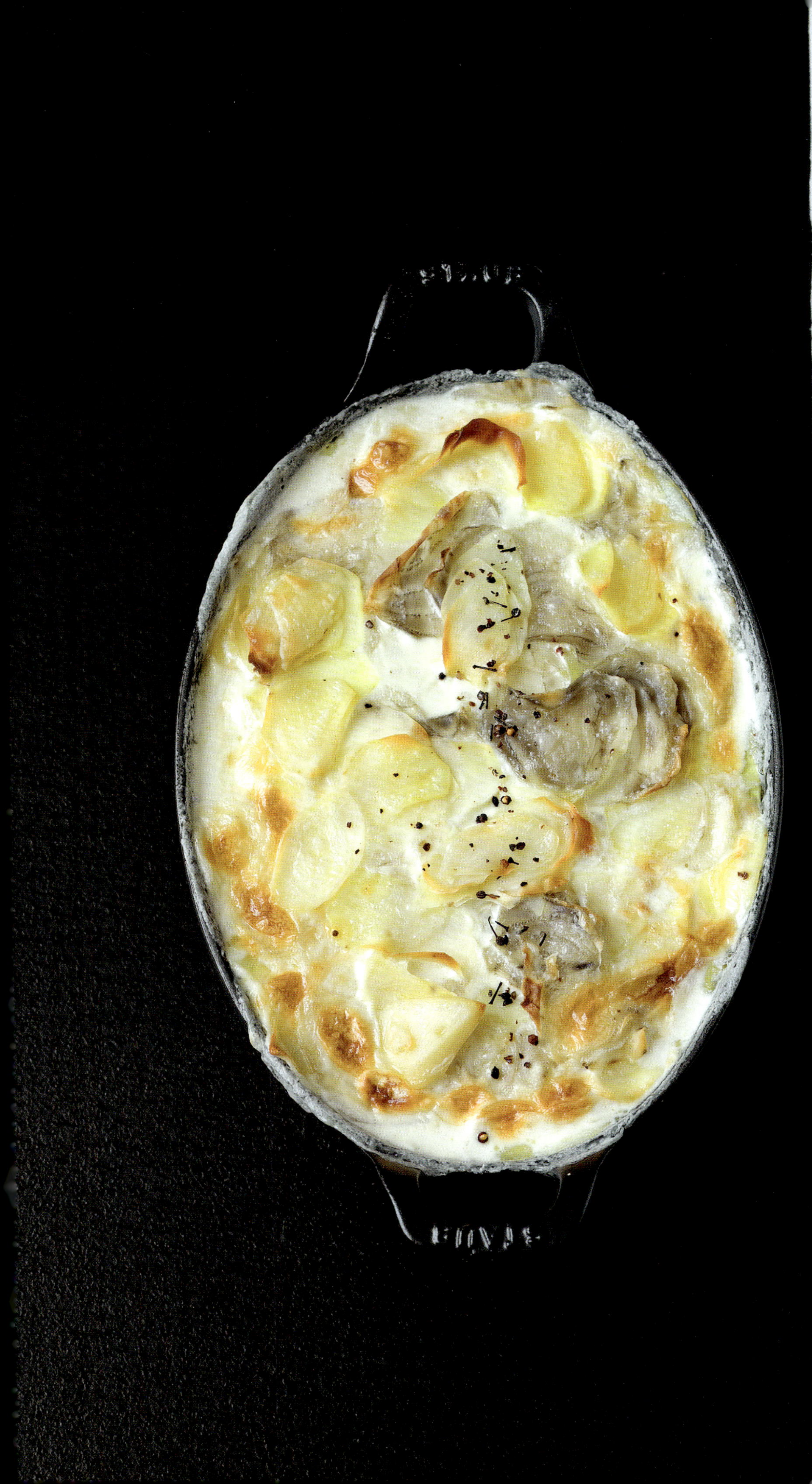

CARDONS EN CRUMBLE AU JAMBON (recette en page 116)

LASAGNES AU POTIMARRON *(recette en page 116)*

CARDONS EN CRUMBLE AU JAMBON *(photo en page 114)*

Pour 4 personnes
25 minutes de préparation
45 minutes de cuisson

150 g de farine complète (ou un mélange blanche + complète), 200 g de jambon à l'os, 1 kg de cardons (ou une grosse boîte)
1 citron, 2 cuillerées à soupe d'huile d'olive
80 g de beurre salé
Beurre pour beurrer
Sel et poivre

Préchauffer le four à 180 °C.
Préparer les cardons : enlever les feuilles, les parties piquantes et la base. Éplucher en enlevant les parties filandreuses (un peu comme pour du céleri), couper en tronçons et mettre dans de l'eau citronnée. Cuire à l'eau bouillante salée pendant 5 minutes, les égoutter puis les sauter à l'huile d'olive.
Beurrer un plat à gratin, mettre les cardons et le jambon coupé en morceaux, bien assaisonner.

Mélanger le beurre salé coupé en dés et la farine du bout des doigts pour obtenir comme des miettes. Poivrer puis répartir ce mélange sur les cardons. Faire gratiner 35 minutes au four.

LASAGNES AU POTIMARRON *(photo en page 115)*

Pour 4 personnes
40 minutes de préparation
1 heure 30 de cuisson

½ paquet de lasagne environ
1 potimarron ou ½ courge butternut (ou un mélange)
1 boîte de 400 ml de tomates pelées, 2 gousses d'ail
Quelques brins de thym
500 g de jeunes pousses variées : pissenlit, mizuna, épinards, pourpier..., 50 g de parmesan
Beurre, 3 ou 4 cuillerées à soupe d'huile d'olive, sel et poivre

Béchamel
1 cuillerée à soupe de beurre
1 cuillerée à soupe de farine
250 ml de lait

Préchauffer le four à 200 °C.
Couper le potimarron ou la courge en morceaux, enlever les graines ; il n'est pas nécessaire d'éplucher. Enduire la chair d'huile d'olive, saler, poivrer et enfourner pour une trentaine de minutes, ou un peu plus, le temps que la chair soit tendre et un peu dorée. À la cuillère, détacher la chair de la peau.

Préparer une sauce tomate avec 2 cuillerées à soupe d'huile, l'ail tranché fin, les tomates et laisser mijoter 20 minutes. Saler et poivrer.
Laver les pousses et les faire « tomber » 10 minutes avec l'huile restante. Saler et poivrer.

Préparer la béchamel : faire fondre le beurre. Hors du feu, ajouter la farine, remuer. Remettre sur feu moyen et cuire 2-3 minutes puis ajouter le lait petit à petit. Sur feu moyen à doux, porter à ébullition en remuant puis poursuivre la cuisson encore 5 minutes, toujours en remuant, jusqu'à ce que la sauce nappe la cuillère. Saler et poivrer.
Beurrer un plat à gratin. Faire des couches de pousses, de lasagne, de sauce tomate, de chair de courge. Couvrir avec la béchamel et le parmesan fraîchement râpé. Enfourner pour 30 minutes.

LASAGNES AUX BLETTES

Pour 4 personnes
20 minutes de préparation
40 minutes de cuisson

2 bottes de blettes
½ paquet de lasagne
5 tranches de jambon sec
40 g de pignons
40 g de raisins secs
200 g de ricotta
2 cuillerées à soupe d'huile d'olive

Béchamel
1 cuillerée à soupe de beurre
1 cuillerée à soupe de farine
250 ml de lait

Préparer la béchamel : faire fondre le beurre. Hors du feu, ajouter la farine, remuer. Remettre sur feu moyen et cuire 2-3 minutes puis ajouter le lait petit à petit. Sur feu moyen à doux, porter à ébullition en remuant puis poursuivre la cuisson encore 5 minutes, toujours en remuant, jusqu'à ce que la sauce nappe la cuillère. Saler et poivrer.
Préchauffer le four à 180 °C.

Préparer les blettes : les nettoyer, séparer les côtes des feuilles. Couper les feuilles en lanières, en les empilant puis en les tranchant. Couper les côtes en tronçons.

Faire chauffer l'huile dans une grande sauteuse et faire revenir les côtes de blettes. Quand elles sont tendres, ajouter les feuilles, remuer (sur feu assez fort) jusqu'à ce qu'elles tombent. Saler, poivrer puis ajouter les pignons et les raisins secs.

Beurrer un plat à lasagne. Faire des couches de lasagne, de blettes et de ricotta, en intercalant le jambon. Couvrir de béchamel et laisser gratiner une trentaine de minutes au four.

LASAGNES AUX BLETTES

LES BETTERAVES AU BALSAMIQUE

Pour 4 personnes
15 minutes de préparation
1 heure de cuisson

4 petites betteraves crues, ou 2 moyennes
Du très bon très vieux vinaigre balsamique

Préchauffer le four à 200 °C.

Laver les betteraves, les envelopper dans de l'aluminium et les mettre au four. Les faire cuire 45 minutes à 1 heure, cela dépend beaucoup de leur taille : il faut qu'elles cèdent à la pointe d'un couteau. Les sortir du four.

Dès qu'elles sont manipulables, éplucher les betteraves et les couper en morceaux. Les servir avec quelques gouttes de balsamique.

SOBA POTIMARRON

Pour 4 personnes
20 minutes de préparation
40 minutes de cuisson

1 potimarron
1 botte de cresson
1 écheveau de nouilles soba
1 avocat
3 cuillerées à soupe d'huile d'olive
1 citron
½ pot de cottage cheese
Sel et poivre

Préchauffer le four à 200 °C.
Couper le potimarron en deux. Enlever les graines, huiler la chair, saler, poivrer et enfourner pour 30 à 40 minutes le temps qu'il soit bien tendre et un peu doré. Détacher la chair de la peau avec une cuillère.
Laver et égoutter le cresson.

Cuire les nouilles soba à l'eau bouillante (2-3 minutes, vérifier sur le paquet selon les variétés), égoutter et rincer à l'eau froide. Laisser refroidir.
Préparer une petite sauce avec l'huile restante, un peu de jus de citron, du sel et du poivre.

Éplucher et trancher l'avocat. Réunir les différents éléments de la salade, le cottage cheese et assaisonner avec la vinaigrette.

COURGE SPAGHETTI EN SALADE AUX GRAINES

Pour 4 personnes
10 minutes de préparation
40 minutes de cuisson

1 courge spaghetti
1 pot de cottage cheese
½ barquette de graines germées (celles de radis et de poireau sont bien car elles ont du piquant)
2 cuillerées à soupe d'huile d'olive
Sel et poivre

Mettre la courge spaghetti entière dans une grande casserole d'eau bouillante. Cuire jusqu'à ce que la peau cède à la pression du doigt, qu'on sente le « vide » dessous, cela dépend beaucoup de sa taille (compter environ 30 minutes).

La couper en deux, enlever les graines puis, à l'aide d'une fourchette, détacher les spaghettis de chair. Assaisonner avec l'huile, du sel et du poivre. Parsemer de graines germées puis déguster avec le cottage cheese et du pain.

légumes

plutôt crus

À essayer absolument ! Frais, croquants, pleins de goût, ça va changer des carottes râpées. Tout est dans la découpe : il faut qu'ils soient tranchés finement (à la mandoline, c'est l'idéal) ou râpés, ce qui a le mérite d'en exprimer le jus. Soigner la vinaigrette, ne pas lésiner sur les herbes...

LES JULIENNES

La mandoline permet d'obtenir une julienne (fins bâtonnets) de légumes-racines très fine et régulière. Parfaite pour une dégustation à cru, avec une bonne petite sauce. On utilise la mandoline pour couper en julienne carottes, persil racine, betterave, radis blanc... 2 idées d'inspiration asiatique.

UNE PETITE SALADE AUX NOUILLES CELLOPHANE

Pour 4 personnes
20 mn de préparation

100 g de nouilles cellophane
400 g de racines mélangée: carotte, radis, persil racine, chou rave...
50 ml d'eau, 1 cuillerée à soupe de sucre, 1 trait de jus de citron vert, sel, quelques brins de persil plat et menthe
1 trait de sauce poisson (nuoc mam), facultatif
quelques brins de menthe et/ou de coriandre
un reste de blanc de poulet cuit, coupé en lamelles
2 cuillerées à soupe de cacahuètes hachées finement

Couvrir les nouilles d'eau froide et les laisser ramollir.

Couper les légumes épluchés en julienne.

Faire une sauce en mélangeant l'eau, le sucre, du sel, le citron vert et la sauce poisson éventuellement.

Égoutter les nouilles, les réunir dans un saladier avec les légumes, le poulet, assaisonner et mélanger délicatement. Parsemer d'herbes et de cacahuètes.

UN BOUILLON CRAQUANT

Pour 4 personnes
20 mn de préparation

1 litre de bouillon de poulet maison
100 g de nouilles aux œufs
300 g environ de racines mélangée: carotte, radis, persil racine, chou rave...
quelques brins de ciboulette et/ou coriandre
1 citron vert
1 trait de sauce soja
8 crevettes cuites, ou 2 œufs et 2 tranches de jambon

Couper les légumes en julienne.

Cuire les nouilles (selon instructions du paquet).
Réchauffer le bouillon. Cuire les œufs mollets.

Dans des bols, placer une part de nouilles. Verser du bouillon chaud, assaisonner avec sauce soja et jus de citron vert, ajouter une part de légumes, un demi œuf dans chaque bol, une demi tranche de jambon ou alors répartir les crevettes. Parsemer d'herbes et servir.

Watch your fingers

LES TAGLIATELLES

Pour changer des tranches, on peut détailler dans les racines (surtout celles de forme allongée, type persil-racine, carotte, panais, radis...) des « tagliatelles » à l'économe : assez fines pour être mangées crues, bien assaisonnées, et du plus bel effet.

SUR UN CEVICHE DE DORADE

Pour 4 personnes
20 minutes de préparation
30 minutes de repose

4 filets de dorade
1 cuillerée à soupe d'huile
1 citron
1 orange
de la coriandre
1 morceau de radis blanc
sel et poivre

Couper le poisson en tranches très fines.

Faire une sauce avec l'huile, deux cuillerées à café de jus de citron et deux de jus d'orange, saler et poivrer.

Détailler le radis en tagliatelle, le poser sur le poisson.

Assaisonner le tout avec la sauce et laisser reposer 30 minutes. Parsemer de coriandre.

SUR UN TARTARE DE BŒUF

Pour 4 personnes
20 minutes de préparation

4 parts de viande hachée
1 cuillerée à soupe de câpres
2 petits oignons de printemps
1 cuillerées à soupe d'huile d'olive
2 cuillerées à café de moutarde
sel et poivre
½ betterave crue
quelques brins de persil plat

Préparer une petite sauce pour la viande en mélangeant huile, moutarde, câpres et oignons hachés.

Couper les betteraves en tagliatelle.

Servir les tartares avec la sauce, du persil haché et quelques tagliatelle de betterave.

EN CARPACCIO

Pour être mangées crues, en « carpaccio » très craquant, les racines doivent être coupées en tranches très fines : on peut le faire au couteau mais, l'idéal, c'est vraiment la mandoline. Attention les doigts ! Cette coupe convient aux topinambours (trop petits pour les tagliatelle), aux betteraves, aux rutabagas, aux navets, gros radis... Mais attention il faut vraiment des légumes jeunes, frais, bien craquants.

IDÉES MINUTE

On peut glisser quelques tranches de betterave crue assaisonnée à la vinaigrette dans un burger maison ou un club sandwich.

Intercaler, dans un classique carpaccio de bœuf, quelques tranches de topinambour cru.

MIX DE RACINES EN CARPACCIO

Pour 4 personnes
15 mn de préparation

400 g de racines mélangées: radis, navets boule d'or, rutabaga, topinambours, betteraves
1 cuillerées à café de sauce umeboshi (magasins bio)
2 cuillerées à soupe d'huile neutre
200 g de fromage de chèvre frais
des graines germées

Trancher les racines épluchées à la mandoline, faire une sauce avec l'umeboshi et l'huile, assaisonner les légumes, émietter le fromage de chèvre dessus et parsemer de graines germées.

On peut remplacer cette sauce par une vinaigrette classique!

CARPACCIO BETTERAVE – ORANGE

Pour 4 personnes
15 mn de préparation

quelques feuilles de salade romaine
une petite betterave crue
2 oranges
1 cuillerée à soupe d'huile d'olive
sel et poivre
2 cuillerées à café de jus de citron
100 g de fromage de chèvre frais
quelques brins de persil plat
quelques feuilles de menthe
1 oignon de printemps

Laver et égoutter la salade. Trancher la betterave à la mandoline, en tranches fines. Peler une orange à vif et la couper en tranches fines.

Hacher l'oignon. Presser le jus de l'autre orange. Faire une vinaigrette citron-orange-huile d'olive, assaisonner.

Arranger sur une assiette les feuilles de romaine, les tranches de betterave et d'orange, arroser de la sauce, émietter dessus le fromage et parsemer de persil plat et menthe hachés, et d'oignon haché.

Watch your fingers

RÂPÉ - IDÉES MINUTE

Les racines peuvent être râpées, comme des carottes, et mangées crues. La râpe donne un résultat plus brouillon que la mandoline, mais fait rendre plus de jus : c'est très bon, ce jus se mélange avec la sauce...

RADIS BLANC RÂPÉ

Pour 4 personnes
15 minutes de préparation

1 radis blanc moyen
50 ml d'eau
1 cuillerée à soupe de sucre
1 trait de jus de citron vert
quelques brins de persil plat et menthe
sel

Râper le radis finement, qu'il devienne presque une purée.
Faire une vinaigrette en dissolvant le sucre dans l'eau, en ajoutant du sel et le citron vert. Assaisonner le radis et parsemer d'herbes hachées.

CHOU RAVE RÂPÉ

Pour 4 personnes
15 minutes de préparation

2 choux rave
1 cuillerée à soupe de vinaigre
1 cuillerée à café de moutarde
3 cuillerées à soupe d'huile
quelques brins de coriandre
sel et poivre

Éplucher, râper les choux, faire une vinaigrette, assaisonner les choux (ne pas mettre toute la sauce), parsemer de coriandre hachée.

BETTERAVE RÂPÉE, ET CAROTTE

Pour 4 personnes
15 minutes de préparation

1 betterave crue
1 carotte
1 cuillerée à café de moutarde
3 cuillerées à soupe d'huile d'olive
2 cuillerées à café de jus d'orange
2 cuillerées à café de vinaigre
quelques brins de ciboulette
sel et poivre

Éplucher, râper les deux légumes. Faire une vinaigrette avec les ingrédients restants, assaisonner les légumes râpés (ne pas mettre toute la vinaigrette), parsemer de ciboulette.

LA MENAGERE

MIX DE LÉGUMES RÂPÉS

Pour 4 personnes
20 minutes de préparation

1 carotte (de n'importe quelle couleur)
1 morceau de radis blanc
1 racine de persil
1 betterave
1 navet (on peut mettre d'autres racines ou, au contraire, une moins grande variété)
2 cuillerées à soupe d'huile de tournesol
1 cuillerée à soupe de jus d'orange
2 cuillerées à café de jus de mandarine
1 cuillerée à café de jus de citron
Sel et poivre

Éplucher les légumes, les râper.

Faire une vinaigrette avec les jus d'orange, de mandarine et de citron, l'huile, du sel et du poivre. Goûter et rectifier la quantité des ingrédients en fonction des goûts.

Mélanger les légumes râpés et la vinaigrette.

PESTO MIZUNA-AMANDES

Pour 4 personnes
10 minutes de préparation

100 g de mizuna
2 cuillerées à soupe d'amandes entières, non mondées
75 à 100 ml d'huile d'olive
20 g de parmesan

Faire rôtir les amandes : les répartir sur une plaque de four et les faire dorer 6-7 minutes en haut du four préchauffé à 190 °C.

Mixer tous les ingrédients, sauf le fromage. L'ajouter, fraîchement râpé, à la fourchette.

Un pesto original qui se sert sur des pâtes, en tartine, comme du pesto ! On peut mettre de l'ail, mais sans, on sent mieux le goût spécial du mizuna.

PESTO PISSENLIT-PÉCAN

Pour 4 personnes
10 minutes de préparation

100 g de feuilles de pissenlit
2 cuillerées à soupe de noix de pécan
75 à 100 ml d'huile d'olive
20 g de parmesan

Faire rôtir les noix de pécan : les répartir sur une plaque de four et les faire dorer
6-7 minutes en haut du four préchauffé à 190 °C.
Mixer tous les ingrédients, sauf le fromage. L'ajouter, fraîchement râpé, à la fourchette.

On peut cueillir le pissenlit dans son jardin ! Préférer un pissenlit jeune, avant floraison.

COULIS DE POURPIER

Pour 4 personnes
10 minutes de préparation

100 g de pourpier
100 ml de crème liquide légère
Sel et poivre

Mixer le pourpier avec la crème liquide. Ajouter un peu d'eau si nécessaire. On cherche à obtenir une consistance coulante, très lisse. Saler et poivrer.

Ce coulis est un peu fort seul, mais il est très bon servi par exemple avec un poulet rôti et ses pommes de terre, ou sur un poisson gras type saumon ou maquereau.

CARPACCIO TOPINAMBOURS-ARTICHAUTS *(recette en page 140)*

TOPINAMBOURS ET RUTABAGAS CRUS EN SALADE À LA MENTHE FRAÎCHE ET NOISETTES *(recette en page 140)*

CARPACCIO TOPINAMBOURS-ARTICHAUTS *(photo en page 138)*

Pour 4 personnes
25 minutes de préparation

8 topinambours
1 pot d'artichauts à l'huile
1 cuillerée à café de câpres
1 citron
Quelques brins de persil plat
Quelques lamelles de noix de coco
Huile d'olive
Sel et poivre

Faire chauffer une poêle. Y faire rôtir quelques instants les lamelles de noix de coco : elles doivent à peine brunir.

Mixer ensemble les artichauts égouttés, les câpres, un peu de jus de citron et d'huile et le persil plat de manière à obtenir une sauce à peine coulante. Saler et poivrer si nécessaire.

Éplucher les topinambours et les trancher fins, à la mandoline. Servir les topinambours avec la sauce et parsemer de lamelles de coco rôties.

C'est une salade ton sur ton : le topinambour, craquant, a un net goût d'artichaut, qui marche bien avec l'artichaut ici très onctueux…

TOPINAMBOURS ET RUTABAGAS CRUS EN SALADE À LA MENTHE FRAÎCHE ET NOISETTES *(photo en page 139)*

Pour 4 personnes
25 minutes de préparation

4 topinambours
2 petits rutabagas
1 citron, 1 orange
Quelques brins de menthe
Quelques noisettes
Quelques gouttes d'eau de fleur d'oranger
2 cuillerées à soupe d'huile d'olive
Sel et poivre

Faire une petite sauce avec un peu de jus d'orange, de citron, l'eau de fleur d'oranger et l'huile. Saler et poivrer.

Éplucher les topinambours et les rutabagas puis les trancher fins, à la mandoline. Effeuiller la menthe, déchirer les feuilles.

Arroser les tranches de légumes avec la sauce puis parsemer de feuilles de menthe et de noisettes hachées.

CARPACCIO DE TOPINAMBOURS À L'ÉCHALOTE

Pour 4 personnes
25 minutes de préparation

8 topinambours
2 échalotes
1 cuillerée à café de moutarde
3 cuillerées à soupe d'huile neutre
1 cuillerée à soupe de vinaigre de vin rouge
Quelques brins de ciboulette
Sel et poivre

Faire une vinaigrette avec la moutarde, du sel, du poivre, le vinaigre et l'huile.

Éplucher les topinambours et les trancher fins, à la mandoline. Éplucher et émincer très fin les échalotes. Hacher la ciboulette.

Servir les topinambours avec de la sauce, les échalotes et la ciboulette.

Le topinambour cru, c'est délicieux ! Mais veiller à le choisir bien ferme.

CARPACCIO DE TOPINAMBOURS À L'ÉCHALOTE

RADIS PICO DE GALO

Pour 4 personnes
20 minutes de préparation
30 minutes de repos

1 petit radis blanc
1 oignon rouge
1 cœur de romaine
ou autre salade craquante
1 orange
1 citron vert
1 bonne pincée de cumin
1 cuillerée à soupe d'huile d'olive
2 cuillerées à café de miel
Sel et poivre

Faire une petite sauce avec l'huile, le miel, le cumin, 1 cuillerée à soupe de jus de citron vert et 2 cuillerées à soupe de jus d'orange. Saler et poivrer.

À la mandoline, trancher l'oignon et le radis épluchés. Les mettre dans la sauce et laisser mariner 30 minutes. Servir avec la salade verte.

D'autres radis conviennent parfaitement !

POIREAU + RADIS + AGRUMES + CANARD

Pour 4 personnes
20 minutes de préparation
30 minutes de repos
20 minutes de cuisson

1 poireau jeune
¼ de radis blanc
2 magrets de canard
1 cuillerée à soupe d'huile de tournesol
2 cuillerées à café de yuzu
Sel et poivre

À la mandoline, couper le radis en très fins bâtonnets. Couper au couteau des bâtonnets de poireau les plus fins possibles, surtout du blanc. Assaisonner avec l'huile, le yuzu, du sel et du poivre. Laisser mariner cette petite salade 20 à 30 minutes au frais.

Faire cuire les magrets à la poêle, les trancher et servir comme petite entrée avec la salade.

PERSIL-RACINE CRU, PICHOLINES, CHORIZO *(recette en page 148)*

BETTERAVE CRUE, SAUCE À L'ORANGE (recette en page 148)

PERSIL-RACINE CRU, PICHOLINES, CHORIZO (photo en page 146)

Pour 4 personnes
20 minutes de préparation

2 racines de persil très jeunes
150 ml d'huile d'olive
100 ml d'huile neutre
1 cuillerée à café de moutarde
1 gousse d'ail
1 jaune d'œuf
Une quinzaine d'olives picholines
Une dizaine de tranches de chorizo
Ciboulette, sel et poivre

Faire une mayonnaise : mélanger la moutarde, l'ail épluché et écrasé et le jaune d'œuf, puis verser les huiles, l'une après l'autre, goutte à goutte, en fouettant, puis en mince filet.

Éplucher le persil-racine, le couper en tagliatelles avec un économe. Les mélanger avec les picholines, le chorizo coupé en dés et un peu de ciboulette hachée.

Servir avec la mayonnaise, et agrémenter d'autres ingrédients type poisson froid, pommes de terre…

BETTERAVE CRUE, SAUCE À L'ORANGE (photo en page 147)

Pour 4 personnes
20 minutes de préparation
30 minutes de repos

1 betterave moyenne
2 cuillerées à soupe d'huile d'olive
1 cuillerée à soupe de jus d'orange
Un peu de jus de citron
½ cuillerée à café de moutarde
Quelques kumquats frais
Sel et poivre

Mélanger les ingrédients de la sauce (huile, orange, citron, moutarde, poivre et sel).

Éplucher la betterave, la couper en tagliatelles avec un économe. La mélanger à la sauce et laisser mariner une trentaine de minutes. Servir avec les kumquats coupés en deux.

Proposer ces betteraves dans une salade ou associées à d'autres crudités ou entrées (avocat, poireau vinaigrette, œufs mollets…).

LASAGNE RADIS CRU ET MIZUNA

Pour 4 personnes
20 minutes de préparation
5 minutes de cuisson

6 à 8 feuilles de lasagne
½ radis blanc
Une poignée de feuilles de mizuna
3 ou 4 cuillerées à soupe d'huile d'olive
2 boules de mozzarella
2 pêches blanches mûres
Sel et poivre

Faire cuire les feuilles de lasagne à l'eau bouillante. Les égoutter et les laisser refroidir. Les enduire d'un peu d'huile pour les empêcher de coller entre elles. Éplucher le radis et le couper en tagliatelles, avec un économe. Couper la mozzarella et la pêche en tranches. Couper les feuilles de lasagne en deux dans le sens de la longueur.

Dans chaque assiette, empiler lasagne, mozzarella, pêche, radis, mizuna, etc., en n'omettant pas d'assaisonner (sel, poivre et huile d'olive) entre chaque couche.

Comme une salade de pâtes, mais très chic, avec des lasagne…

LASAGNE RADIS CRU ET MIZUNA

POURPIER À LA SAUCE FORTE

Pour 4 personnes
10 minutes de préparation

1 botte de pourpier
50 g de cerneaux de noix (fraîchement décortiquées)
3 cuillerées à soupe d'huile d'olive
1 cuillerée à café de câpres
1 ou 2 anchois
1 échalote
Poivre

Hacher les noix, les câpres, l'échalote épluchée, les anchois et tout mélanger. Allonger avec l'huile, poivrer.
Assaisonner le pourpier lavé avec cette sauce et parsemer de noix.

Le pourpier étant très doux, on peut parfois le contrarier avec cette sauce très forte !

COLESLAW AUX RACINES

Pour 4 personnes
25 minutes de préparation

1 carotte (de n'importe quelle couleur)
1 morceau de radis blanc
1 racine de persil
1 betterave
1 navet
(on peut mettre d'autres racines ou, au contraire une moins grande variété)
1 bulbe de fenouil (facultatif)
2 ou 3 cuillerées à soupe de mayonnaise
Une pincée de curry (facultatif)
2 cuillerées à soupe de graines de courge

Faire rôtir les graines de courge dans une poêle chaude, à sec : dès qu'elles sautent, les verser sur une assiette.

Éplucher les légumes, les couper en spaghettis fins. Les mélanger, ajouter la mayonnaise (et le curry si l'on aime). Parsemer de graines de courge.

Servir comme accompagnement à côté d'un burger maison, avec de la viande ou du poisson grillés…

CHOU-RAVE, POMMES, LENTILLES EN SALADE

Pour 4 personnes
20 minutes de préparation
20 minutes de cuisson

75 g de lentilles vertes
1 carotte
1 oignon
1 feuille de laurier
2 bulbes de chou-rave
2 pommes acides
Quelques brins de persil plat
2 cuillerées à soupe d'huile d'olive
1 citron
Tabasco
Sel et poivre

Mettre les lentilles dans une casserole, couvrir largement d'eau froide, ajouter l'oignon épluché, la carotte épluchée, la feuille de laurier. Porter à ébullition et cuire à petits bouillons pendant une vingtaine de minutes. Les lentilles doivent être tendres mais encore fermes. Les égoutter et jeter les aromates.

Couper le chou-rave et les pommes en tranches très fines (à la mandoline si possible).

Mélanger l'huile, un peu de jus de citron, le persil plat pour faire une vinaigrette. Ajouter quelques gouttes de Tabasco, saler et poivrer. Mélanger le tout en salade.

On peut aussi couper les pommes et le chou en dés plutôt qu'en tranches.

BETTERAVE ET CHOU-RAVE AU BEURRE PARFUMÉ

Pour 4 personnes
20 minutes de préparation
1 heure de cuisson

1 betterave crue
1 ou 2 bulbes de chou-rave
100 g de beurre
1 morceau de racine de gingembre ou de galangal (frais ou séché)
Une poignée de jeunes pousses
Sel et poivre

Préchauffer le four à 200 °C.
Envelopper la betterave dans de l'aluminium et la cuire au four 45 minutes environ jusqu'à ce qu'elle soit tendre (ce n'est pas très économique, profiter de la chaleur du four utilisé pour autre chose).
Cuire le chou-rave 6-7 minutes à la vapeur.

Mettre le beurre dans une petite casserole avec la racine de gingembre. épluchée et coupée en tranches. Faire fondre sur feu doux et laisser le beurre devenir couleur noisette et s'imprégner du goût du gingembre.

Découper la betterave et le chou-rave épluchés en tranches fines.
Les servir avec le beurre parfumé (jeter les tranches de gingembre), du sel, du poivre et quelques pousses.

ŒUFS BROUILLÉS-MIZUNA, POUR LE BRUNCH

Pour 1 personne
10 minutes de préparation
20 minutes de cuisson

3 œufs
15 g de beurre
1 tranche de saumon fumé
Une poignée de mizuna
2 cuillerées à café d'huile d'olive
Quelques gouttes de jus de citron
Sel et poivre

Assaisonner le mizuna avec l'huile, le jus de citron, du sel et du poivre.
Préparer les œufs brouillés au bain-marie : faire chauffer une casserole d'eau. Dans une autre casserole plus petite, ou un récipient qui aille sur la première casserole, faire fondre le beurre, ajouter les œufs battus assaisonnés et cuire une dizaine de minutes en remuant jusqu'à obtenir une consistance onctueuse et des œufs plus ou moins baveux, selon les goûts !
Servir avec le saumon et la salade.

On peut aussi servir le tout sur un muffin anglais toasté (rayon boulangerie industrielle).

poêlées

et fritures

Sans doute la solution la plus rapide pour préparer tous ces légumes-racines : on les épluche et on les poêle comme on ferait avec des patates sautées. Ajouter de l'ail, des herbes, éventuellement du miel pour les légumes au goût légèrement amer. Les légumes à feuilles se poêlent un peu comme les épinards.

Essayer des frites de tout : de salsifis, de courge... Se souvenir simplement que tous ces légumes cuisent plus vite que les classiques pommes de terre. On fait aussi des chips maison, pour l'apéro, en coupant les légumes-racines à la mandoline, ultra finement. Mélanger les couleurs : rouge, betterave, jaune, rutabagas. Pareil pour la tempura, qui marche aussi avec les légumes à feuilles.

GRANDE POÊLÉE DE BLETTES

Pour 4 personnes
10 minutes de préparation
15 minutes de cuisson

2 bottes de blettes
40 g de pignons
40 g de raisins secs
2 ou 3 cuillerées à soupe d'huile d'olive
1 citron
Sel et poivre

Préparer les blettes : les nettoyer. Séparer les côtes des feuilles.
Couper les feuilles en lanières, en les empilant et en les tranchant.
Couper les côtes en tronçons.

Faire chauffer l'huile dans une grande sauteuse et faire revenir les côtes. Quand elles sont tendres, ajouter les feuilles, remuer (sur feu assez fort) jusqu'à ce qu'elles tombent.

Saler, poivrer, ajouter les pignons et les raisins secs. Arroser d'un peu de jus de citron.

POÊLÉE DE BLETTES AU CHORIZO ET CHAMPIGNONS SAUVAGES

Pour 4 personnes
10 minutes de préparation
15 minutes de cuisson

1 botte de blettes
300 g de champignons sauvages
8 tranches de chorizo
3 cuillerées à soupe d'huile d'olive
Sel et poivre

Couper le chorizo en petits dés. Nettoyer les champignons en les essuyant avec du papier absorbant et en ôtant les parties abîmées. Préparer les blettes : les nettoyer. Séparer les côtes des feuilles. Couper les feuilles en lanières, en les empilant et en les tranchant. Couper les côtes en tronçons.

Faire chauffer l'huile dans une grande sauteuse et faire revenir les côtes. Quand elles sont tendres, ajouter les feuilles de blettes, les champignons et le chorizo. Remuer (sur feu assez fort) pendant une dizaine de minutes : il faut que le tout soit cuit. Saler et poivrer. Servir en accompagnement d'un steak par exemple.

PÂTISSON SAUTÉ (recette en page 168)

SALSIFIS SAUTÉS *(recette en page 168)*

PÂTISSON SAUTÉ (photo en page 166)

Pour 4 personnes
15 minutes de préparation
10-15 minutes de cuisson

1 pâtisson (pas trop vieux, sinon il sera trop dur à éplucher)
2 ou 3 cuillerées à soupe d'huile d'olive, quelques brins de persil
Sel et poivre

Éplucher le pâtisson, enlever et jeter les graines, le couper en dés.
Faire chauffer l'huile dans une poêle et faire revenir les morceaux de pâtisson comme pour des pommes de terre sautées. Saler, poivrer, parsemer de persil haché.

Très bon accompagnement d'une viande.

SALSIFIS SAUTÉS (photo en page 167)

Pour 4 personnes
15 minutes de préparation
15 minutes de cuisson

1 botte de salsifis
1 citron
2 ou 3 cuillerées à soupe d'huile d'olive
Quelques brins de persil
Sel et poivre

Éplucher les salsifis, les couper en tronçons et les mettre dans de l'eau citronnée.

Faire chauffer l'huile dans une poêle et faire sauter les salsifis jusqu'à ce qu'ils soient dorés et tendres. Saler, poivrer et parsemer de persil haché.
Bien meilleur qu'à la cantine !

À utiliser comme accompagnement ou dans une salade.

NAVETS SAUTÉS

Pour 4 personnes
15 minutes de préparation
10 minutes de cuisson

8 navets boule d'or ou bien des radis-tubes (radis longs roses) ou des rutabagas
1 ou 2 gousses d'ail
2 ou 3 cuillerées à soupe d'huile d'olive
2 cuillerées à café de miel (facultatif)
Quelques brins de persil
Sel et poivre

Nettoyer les légumes (les peler seulement si la peau est épaisse ou abîmée).
Les couper en tranches. Éplucher et émincer l'ail.

Faire chauffer l'huile dans une poêle, ajouter les légumes et les faire sauter jusqu'à ce qu'ils soient tendres et dorés (comme pour les pommes de terre, mais moins long).

Hacher l'ail finement et l'ajouter en fin de cuisson, bien remuer, laisser encore 1 à 2 minutes puis retirer du feu

Ajouter le miel. Saler, poivrer et parsemer de persil haché.
Très bon accompagnement d'une viande.

NAVETS SAUTÉS

SALADE DE COURGE AUX FEUILLES

Pour 4 personnes
20 minutes de préparation
20 minutes de cuisson

½ courge butternut
100 g de feuilles mélangées : pissenlit, pourpier, mizuna, pousses de betterave…
3 cuillerées à soupe de graines de courge
3 cuillerées à soupe d'huile d'olive
2 cuillerées à café de vinaigre de vin rouge
Piment de Cayenne en poudre ou 1 petit piment frais
Sel et poivre

Éplucher la courge. La couper en dés. La faire sauter à la poêle 10-15 minutes dans 1 cuillerée à soupe d'huile d'olive.

Faire une vinaigrette avec l'huile restante, le vinaigre, du sel, du poivre et un peu de piment de Cayenne (ou utiliser le piment frais, épépiné et émincé).
Faire rôtir les graines de courge dans une poêle bien chaude, à sec, quelques instants.

Assaisonner les feuilles de vinaigrette et servir avec la courge. Parsemer le tout de graines de courge.

OMELETTE AU POURPIER

Pour 1 personne
15 minutes de préparation
5 minutes de cuisson

1 poignée de pourpier
175 g de brousse de brebis (ou de ricotta)
3 œufs
15 g de beurre
Sel et poivre

Laver et égoutter le pourpier sur du papier absorbant.
Casser les œufs dans un bol et avec un couteau ou une fourchette, casser les jaunes pour les mêler à peine aux blancs (ne pas fouetter ni mélanger de façon homogène). Saler et poivrer.

Faire chauffer le beurre dans une poêle pas très grande. Dès qu'il mousse, verser les œufs. Quand tout le pourtour est pris, repousser un côté de l'omelette avec une cuillère en bois en penchant la poêle dans la direction opposée pour faire couler l'œuf non cuit sur le fond de la poêle.

Émietter le fromage sur la surface. Éparpiller dessus le pourpier.
Plier l'omelette et la faire glisser sur une assiette.

BOUDIN AU PERSIL-RACINE

Pour 4 personnes
20 minutes de préparation
20 minutes de cuisson

1 portion de boudin pour 4 personnes
2 pommes petites et fondantes
3 ou 4 jeunes racines de persil
Beurre
Sel et poivre

Éplucher les racines de persil et les couper en bâtons assez fins. Les plonger dans l'eau bouillante et les cuire 5 minutes. Les égoutter. Couper les pommes en quartiers, enlever le trognon, les éplucher (sauf si l'on aime avec la peau).

Faire fondre une noix de beurre dans une poêle assez grande. Dès qu'il mousse, ajouter les pommes et les racines de persil, faire dorer sur feu moyen à fort.

Ensuite, baisser le feu et mettre le boudin. Servir quand il est cuit (compter 15 minutes environ).

STAUB

TEMPURA DE RACINES ET FEUILLES

Pour 4 personnes
20 minutes de préparation
10 minutes de cuisson

¼ de betterave
1 petit morceau de courge
Des feuilles et fanes diverses : fanes de radis, pousses de betterave, mizuna, pourpier
Un petit morceau de radis
1 topinambour
1 carotte
(On peut utiliser d'autres légumes de son choix)
200 g de farine
½ cuillerée à café de levure chimique
240 ml d'eau gazeuse très froide
Huile pour friture
Fleur de sel

Éplucher les légumes, les couper en tranches très fines, de préférence avec une mandoline.

Tamiser la farine et la levure, bien mélanger, ajouter l'eau et bien mélanger à nouveau.

Faire chauffer l'huile dans une friteuse ou une poêle à tempura. Tremper les tranches de légumes ou les feuilles dans la pâte et les frire quelques instants dans l'huile chaude en procédant en plusieurs fournées : les tempuras sont cuits lorsque la croûte est croustillante, même encore un peu pâle. Croquer avec de la fleur de sel.

FRITES DE COURGE

Pour 4 personnes
20 minutes de préparation
5 minutes de cuisson

½ courge butternut
Huile de friture
Sel

Éplucher la courge et couper la chair en bâtons, comme des frites. Faire chauffer l'huile dans une friteuse ou une grande casserole.

Frire les bâtons de courge en deux fois, comme pour les pommes de terre, un peu moins longtemps car la courge cuit plus vite : compter 3-4 minutes.

Les égoutter, puis les plonger de nouveau dans l'huile pendant 2 minutes afin qu'ils dorent. Les égoutter et les saler.

Elles accompagnent parfaitement un saumon, avec de la mayonnaise aux herbes.

CHIPS DE PANAIS

Pour 4 personnes
20 minutes de préparation
5 minutes de cuisson

2-3 panais
De l'huile de friture
Du sel

Éplucher les panais et les couper en tranches très fines (si possible à la mandoline). Faire chauffer l'huile dans une friteuse ou une poêle à tempura. Plonger les tranches de panais dans l'huile bien chaude, elles vont dorer très rapidement, en 3-4 minutes. Égoutter et grignoter à l'apéritif.

On peut faire la même chose avec toutes les racines !

FRITES DE SALSIFIS

Pour 4 personnes
20 minutes de préparation
5 minutes de cuisson

1 botte de salsifis
1 citron
Huile de friture
Sel

Éplucher les salsifis et les couper en bâtons. Les faire tremper au fur et à mesure dans de l'eau citronnée.

Faire chauffer l'huile dans une friteuse ou une grande casserole. Frire les salsifis en deux fois, comme pour les pommes de terre, peut-être un peu moins longtemps car les salsifis sont assez fins : compter 3-4 minutes. Les égoutter, puis les plonger de nouveau dans l'huile pendant 2 minutes afin qu'ils dorent. Les égoutter et les saler.

Les servir avec un steak au bleu.

CHIPS TOUTES FAITES ET 3 SAUCES

Pour 4 personnes
20 minutes de préparation

Un grand paquet de chips de légumes (panais, betterave, carottes...)

Sour cream
125 g de mascarpone
1 yaourt grec
1 citron
Sel et poivre

Du bon ketchup

Chutney
1 botte de coriandre
1 botte de menthe
1 échalote
1 citron vert
1 cuillerée à café de sucre
1 tout petit bout de gingembre frais (facultatif)

Mélanger le mascarpone, le yaourt, du sel et du poivre et un peu de jus de citron.

Mixer les ingrédients du chutney : les feuilles de coriandre et de menthe lavées et séchées, l'échalote épluchée, un peu de zeste et de jus de citron vert, le sucre, le gingembre épluché et un peu d'eau pour obtenir un mélange lisse et coulant.

Servir les chips avec les 3 dips.

annexes

INDEX DES RECETTES

INDEX PAR INGRÉDIENTS

SHOPPING

MERCI à
STAUB : www.staub.fr

LE BON MARCHE : 24 rue de Sèvres.75007 Paris. www.lebonmarché.fr
TSE-TSE ASSOCIEES : www.tse-tse.com
MUJI : 01 41 71 16 56. www.muji.fr
HABITAT : 0800 01 08 00 . www.habitat.net
THE CONRAN SHOP : 117 rue du Bac. 75007 Paris. www.conranshop.fr
MERCI : 111 boulevard Beaumarchais. 75003 Paris. www.merci-merci.com
IKEA : www.ikea.com
BONTON :5 boulevard des Filles du Calvaire. 75003 Paris. www.bonton.fr

Conception graphique : Anne Martiréné
Mise en page : Frédéric Voisin
Relectures : Audrey Génin & Véronique Dussidour

Dépôt légal : septembre 2010
ISBN 978-2-501-06774-4
4062097-01

Imprimé en Espagne par Graphicas Estella